컬렉터, 역사를 수집하다

평범한 물건에 담긴 한국근현대사

컬렉터,
역사를 수집하다

박건호 지음

컬렉터(Collector)! 직업의 범주로 분류할 수는 없지만, 듣기에 한없이 좋은 이름이다. 나는 역사 자료를 수집하면서 수집 그 자체의 즐거움에 푹 빠진 적이 한두 번이 아니다. 많은 컬렉터가 그러하듯이 수집에 몰두하다 보면 무엇보다 비용에 둔감해진다. 나 역시 지금까지 그동안 수집에 얼마나 많은 비용이 들었는지 정확히 모른다. 이렇게 수집에 미치지 않고서는 '컬렉터'로 불릴 수가 없다.

나의 30여 년 수집벽은 터무니없는 경험에서 시작되었다. 1987년 4월, 대학 입학 후 첫 학술답사였다. 그날 우리가 방문한 곳은 강원도 양양군 오산리 선사시대 유적지였다. 그곳은 기원전 8,000년 전 신석기인들의 움집터가 발견된 곳으로, 서울대학교 고고인류학과 조사팀이 이미 발굴을 끝내고 몇 년이 지난 터였다. 지금은 그곳에 선사유적박물관이 그럴듯하게 꾸며져 있지만 당시에는 황량하기 그지없었다. 다들 모래밭에 앉아 유적지에 대한 주제 발표를 맡은 선배의 설명을 듣고 있었지만 사실 아무것도 없는 그곳에서 당시 사람들의 삶을 상상한다는 것은 쉬운 일이 아니었다.

나는 따분해서 모래밭을 발로 헤집기 시작했다. 토기 조각이라도 하나 나오지 않을까 하는 마음으로……. 정말로 혹시나 하는 마음이었다. 그런데! 정말이었다. 이것도 발굴이라고 할 수 있을까? 토기 파편 한 점. 손가락 한 마디 정도 될까 말까 한 토기 파편 한 점이 모래밭 속에서 삐죽이 고개를 내밀고 있었다. 이런 기적 같은 일이 있나. 빗살무늬가 선명히 드러난 토기 파편이라니!

당황한 나는 빗살무늬 토기 파편을 조심스럽게 집어 들었다. 1만 년 전의 사람들과 접속하는 순간이었다. 눈을 감자 바닷가 모래밭을 분주히 오가는 사람들의 모습이 보였다. 토기를 굽고 있는 사람들, 조개로 만든 팔찌를 손목에 차고 놀고 있는 아이들, 물고기를 잡아서 마을로 돌아오는 남자들, 조와 수수를 수확해오는 여자들…….

흥분한 나는 그 주위를 맨손으로 파헤쳤다. 10분 정도 정신없이 모래를 파내니 토기 파편, 조개껍데기 화석, 동물 뼈 등이 나왔다. 아무런 장비 없이 맨손으로 찾아낸 것이다. 이쯤 되면 손만 대면 구석기 유물을 발굴해 '신의 손'으로 불렸던 일본의 후지무라 신이치가 따로 없지 않은가? (그의 발굴 성과는 나중에 조작으로 밝혀져 일본 열도가 발칵 뒤집혔다.)

이때 수습한 유물들은 교육 현장에서 수업 자료로 자주 활용했다. 수업 시간에 학생들에게 오산리 유적지에서 발굴한 토기 파편들을 직접 만져보면서 1만 년 전의 시간을 느껴보라고 했다. 그러면 학생들은 어김없이 이게 진짜냐고 물었다. 내가 진짜라고 해도 못 믿겠다는 눈치였다. 으레 그런 것들은 박물관에 가야 볼 수 있으니 믿기 힘들었을 것이다.

나는 지금도 그때의 감동을 잊을 수가 없다. 그때 처음 수집의 묘미를 맛보았다. 그 일을 계기로 나는 수집의 길에 들어섰다.

강원도 양양군 오산리에서 신석기시대를 체험한 지 벌써 30여 년이 지났다. 그 토기 파편은 그대로인데, 그것을 '발굴'한 청년은 어느덧 오십 줄에 들어섰다. 그동안 많은 변화가 있었지만, 나는 학생들을 가르치고, 역사 자료들을 수집하고, 수집한 자료들과 대화하며 여전히 '컬렉터'의 삶을 즐기고 있다.

나의 수집은 단순히 옛날 물건을 찾아 모으는 행위가 아니라, 역사의 흔적들과 끊임없이 대화하며 역사의 단편들을 만나고 이해하는 과정이다. 나는 역사의 흔적을 간직한 자료들을 찾고 또 수집했다. 일기장, 팸플릿, 신문, 잡지, 생활 문서, 사진 자료만이 아니라 크기나 재질에 구애받지 않고 다양한 형태의 역사 자료를 수집했다. 그 자료들을 가만히 들여다보노라면 어떤 것은 화난 표정을 짓고 있고, 어떤 것은 흥겨움과 기쁨의 감정을 담고 있다. 또 어떤 것은 하늘이 무너지는 듯한 아픔과 슬픔을 간직하고 있고, 어떤 것은 삶의 표정이 그 속에 고스란히 투영되어 있다.

낯선 자료를 만나면 그 자료에 대해 알아내기 위해 무던히 대화를 시도했다. 퍼즐을 맞추듯 그 자료가 어떻게 만들어지게 되었는지, 언제 어디서 왜 만들어졌는지를 추적했다.

이를테면, 내 수집품 중에 낡은 태극기가 한 장 있다. 이 태극기는 사괘를 먹으로 대충 그린 것인데, 태극은 빨간색뿐이다. 그런데 자세히 들여다보니 빨간색 위에 파란색을 덧칠한 흔적이 있다. 일장기를 가지고 손수 꾸며 만든 태극기였다.

1945년 8월 15일, 한국인들은 느닷없이 광복을 맞았다. 사람들은 그 기쁨에 겨워 태극기를 흔들고 싶었을 것이다. 그런데 태극기를 구하기가 쉽지 않은 참에 일장기가 눈에 띈 것이다. 그렇지! 일장기 위에 태극문양과 사괘만 그려 넣으면 된다. 태극기를 일장기로 만들기는 어려워도, 일장기를 태극기로 만들기는 쉬웠을 것이다.

이처럼 광복 직후에 사용된 태극기는 상당수가 일장기를 재활용한 것이었다. 내가 수집한 태극기도 그러했는데, 아마 광복 직후에 사용했을 것이다. 일장기 위에 칠했던 파란색 물감은 빛에 바래 거의 지워졌다. 사괘 중 두 괘는 나름 정성스럽게 그렸는데, 나머지는 대충 그린 티가 역력하다. 광복 직후의 흥분이 여유를 허용하지 않았던 모양이다. 나는 일장기를 재활용한 태극기에서 일제 강점기 35년의 세월을 감내하고 광복을 맞이했던 당시 한국인들의 감격과 환희를 느낀다.

자료와 나눈 대화 끝에 만족스런 답을 찾은 경우도 있지만, 그렇지 못한 때도 많았다. 그럼에도 불구하고 여건이 되는 한 나는 계속 수집하고 대화할 것이다. 그리고 자료 속에서 살아 숨 쉬는 당

컬렉터, 역사를 수집하다

대 사람들과 만날 것이다.

오랫동안 자료들을 수집하다 보니 욕심이 하나 생겼다. 자료에 대한 나의 단순한 독백이 아니라 자료와의 대화를 체계적으로 정리하고 싶은 욕심, 즉 글쓰기다. 자료 수집이 금광에서 금을 캐내는 행위라면, 그 자료를 소재로 글을 쓰는 것은 금을 세공하는 일이다. 그러니 자료 수집과 글쓰기, 둘 다 설레고 행복한 일이자 역사를 더 생생하게 느낄 수 있는 방법이다.

이 책은 그동안 내가 수집한 자료들과 나눈 대화를 기록한 것이다. 표면상으로는 문서 한 장, 사진 한 장, 수첩 하나지만, 그 속에 어떤 이야기와 역사가 담겨 있는지 나름의 추리를 통해 추적하며 자료들과 끊임없이 대화를 해왔다. 이 책에서는 그중 시대상이 생생하게 드러나고 거대한 역사적 사건의 이면을 들여다볼 수 있는 수집품 14가지를 골라 실었다. 그 물건들을 남긴 이 책의 주인공들은 지석영과 손기정을 빼면 이름이 알려지지 않은 평범한 사람들이다. 그렇다고 해서 그들이 들려주는 역사가 결코 가볍거나 가치가 없는 것은 아니다. 오히려 우리가 알고 있던 역사 너머의 세계로 우리를 안내한다. 그래서 이 책은 수집한 자료들과의 대화록일 뿐만 아니라, 역사 속 '이름 없는 그들'과 만나 나누는 대화라고도 할 수 있다. 이 만남은 젊은 날 선사시대 유적지 모래 속에서 발견한 토기 조각만큼이나 가슴 뛰고 설레는 일이다.

이 대화록을 책으로 펴내는 것은 내게 큰 기쁨이며 도전이며 두려움이다. 길지 않은 내 인생에서 '역사'와 '수집'만큼 큰 자리를 차지하고 있는 것도 없다. 이제 나의 수집과 글쓰기의 즐거움을 함께 나누고자 한다. 이 책을 통해 수집의 세계에 관심을 갖는 독자가 생긴다면 좋겠다. 그리고 한 걸음 더 나아가 수집의 세계로 입문하게 된다면, 수집 전도사로서의 내 역할에 큰 보람을 느낄 것이다.

그동안 자료 수집과 글쓰기에 빠져 정작 대화를 많이 나누지 못한 가족에게 미안한 마음을 전한다. 그리고 글을 써보라고 제안한 김석희 경희대 교수, 초안을 예리한 시선으로 논평해준 김효진 선생, 한자 해독의 어려움에 봉착할 때마다 수호천사처럼 도움을 주었던 임채명 선생, '역사의 한 페이지'라는 공간을 내주어 어쭙잖은 원고를 실을 기회를 준 정종권 레디앙 편집장, 그리고 무엇보다 난삽한 원고를 잘 다듬어 소중한 책으로 묶어준 휴머니스트 편집부에 머리 숙여 인사를 드린다.

2020년 7월
우면산 아래에서 박건호

컬렉터, 역사를 수집하다

차례

독립협회 보조금 영수증

독립문과
세 번의 독립

독립협회 보조금 영수증
1897년, 영수증 12.3×18.0cm, 봉투 7.7×
18.8cm, 박건호 소장.

밀양 도사를 역임했던 안효응(安孝膺)이
독립문 건립 성금을 내고 받은 영수증이다.
영수증은 건양(建陽) 2년(1897) 2월 23일
독립협회 회계장 안경수(安駉壽)의 이름으
로 발행된 것이다. 1897년 발행한 독립문
건립 성금 영수증? 독립문은 과연 무엇을
기념하기 위해 건립된 것일까?

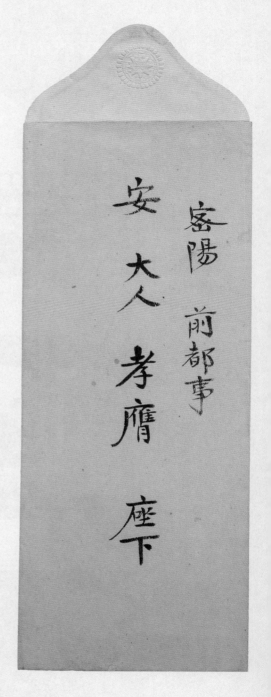

密陽 前都事

安 大人 孝膺 座下

獨立協會補助金領受証

第一千四十九號

補助員 前都事 安孝脣 回照 密陽

金額 壹元也

建陽二年二月廿三日

會計長 安駧壽

기쁜 날 기쁜 날 / 우리나라 독립한 날

우리나라 독립한 날 / 일월같이 빛나도다

기쁜 날 기쁜 날 / 우리나라 독립한 날

오래전 어느 학교 합창단이 부른 〈독립가(獨立歌)〉의 후렴 부분이다. 여기서 잠깐 퀴즈 하나! 이 노래 가사에 반복적으로 나오는 '우리나라 독립한 날'은 언제를 말하는 것일까? 어렵지 않게 객관식 문항으로 내겠다.

① 1896년 11월 21일 ② 1919년 3월 1일 ③ 1945년 8월 15일
④ 1948년 8월 15일

③번이 정답이라고 생각한 독자가 많을 것이다. 땡! 정답은 ①번

1896년 11월 21일이다. 우리나라 역사에 1945년 8월 15일 말고 독립 혹은 광복한 날이 또 있단 말인가? 독립의 감격을 표현한 날이 왜 하필 1896년 11월 21일일까?

이 노래는 1896년 11월 21일 열린 독립문 정초식(주춧돌을 놓는 기념식) 때 배재학당 합창단 학생들이 부른 것으로, 가사에서 '독립한 날'은 독립문을 세우던 날을 가리킨다. 본 가사 1, 2절을 살펴보면 이를 좀 더 명확히 확인할 수 있다.

> (1절)　일천팔백구십륙년 / 건양 원년 십일월에
> 　　　　아세아주 독립 조선 / 독립문을 새로 세우네
> (2절)　영은문이 독립(문)되니 / 모화관이 공원이라
> 　　　　이백여 년 병자지치(丙子之恥) / 오늘이야 씻는구나

나는 오래전에 독립문 관련 자료를 몇 가지 수집했다. 첫 번째는 1897년 독립문 건립을 위한 전국적 모금운동 당시 밀양에 사는 안효응(安孝膺)이란 인물이 성금 1원을 내고 받은 '독립협회 보조금 영수증'(17쪽 사진)이다. 그는 도사(都事) 벼슬을 지냈던 인물이었다. 이 영수증은 회계장 안경수(安駉壽) 명의로 발행되었으며, 날짜는 건양(建陽) 2년(1897) 2월 23일로 되어 있다. 독립협회 마크가 선명하게 찍힌 봉투(16쪽 사진)와 함께 수집한 것으로, 독립문 건립과 관련한 소중한 자료이다. 이런 독립문 건립 관련 독립협회 보조금 영수증 실물은 대한민국역사박물관에서 소장하고 있는 조병식의

영수증을 포함해 3~4장만 알려져 있다.

　두 번째는 해방 후의 독립문 관련 자료들로, 첫 번째 소개한 독립협회 보조금 영수증에 비해 희소성은 떨어진다. 먼저 1955년에 발행된 광복절 기념우표로 태극기와 독립문, 그리고 끊어진 쇠사슬로 광복 10주년의 의미를 표현했다. 1975년 발행된 광복 30주년 기념주화도 비슷한데, 앞뒷면에 태극기를 들고 만세를 외치는 유관순 열사와 독립문을 새겨 광복의 의미를 담았다.

　그런데 이 첫 번째와 두 번째 자료에 등장하는 독립문은 50여 년의 시차만큼이나 다른 의미를 담고 있다. 독립문은 세워질 당시의 의미와 해방 이후 사람들이 인식한 의미가 매우 달랐다. 이런 인식의 간극을 이해하기 위해 독립문이 세워질 당시로 돌아가보자.

왜 독립문을 세웠을까?

1882년 임오군란이 일어났다. 이 군란으로 위기에 몰린 왕비와 민씨 세력은 청나라에 도움을 요청했다. 그리하여 조선에 들어온 청군 3,000명이 군란을 진압했으며, 이후 청나라의 조선에 대한 본격적인 내정간섭이 시작되었다. 이런 관계를 반영하여 임오군란 직후 조선과 청 사이에 체결된 '조청상민수륙무역장정'에서는 아예 대놓고 조선을 청의 '속방(屬邦)'이라 규정했다. 물론 병자호란(1636) 이후 조선은 청의 신하국, 즉 '속국'이었지만 조공을 잘 바치고 신

광복 후의 독립문 도안 1955년에 발행된 광복 10주년 기념우표(왼쪽)와 1975년 광복 30
주년 기념주화(오른쪽)에 독립문이 그려져 있다. (박건호 소장)

하국의 예를 잘 따르는 조건 아래 내정간섭을 거의 받지 않았다.
그런데 임오군란 이후 조선은 청의 직접적이고 실질적인 속국 상
태가 된 것이다. 이런 청의 지나친 내정간섭에 반발하여 김옥균 등
급진개화파가 일본의 힘을 이용해 일으킨 반청 쿠데타가 갑신정
변(1884)이었다. 그러나 갑신정변은 3일천하로 끝나버렸고, 청의
강력한 내정간섭은 정변 이후에도 이어지게 된다.

　이런 상황에서 1894년 청과 일본은 한반도의 패권을 둘러싸고
전쟁을 벌이게 된다. 이 청일전쟁에서 패배한 청이 1895년 일본과
맺은 시모노세키조약의 제1조는 이렇다.

　청국은 조선국이 완전무결한 자주독립국임을 확인한다. 따라서 자주

독립 체제를 훼손하는 일체의 것, 이를테면 청국에 대한 조선국의 공헌(貢獻)·전례(典禮) 등은 장래에 완전히 폐지한다.

청이 조선에 대한 영향력을 완전히 상실했음을 확인해주는 대목이다. 이로써 조선은 임오군란 이후의 실질적 속국 상태에서 벗어나 '독립'을 하게 되었다. 이 즈음 갑신정변이 실패하자 일본을 거쳐 미국으로 망명했던 서재필이 귀국한다. 1895년 12월이었다. 그는 미국에서 컬럼비아 의과대학을 졸업한 후 의사로 활동하다 갑오·을미개혁을 추진하던 조선 정부의 중추원 고문직 초빙에 응하여 망명 10여 년 만에 돌아온 것이었다. 귀국 직후 서재필은 정부의 지원을 받아 1896년 4월 7일 우리 역사상 최초의 민간 신문이자 한글 신문인《독립신문》을 창간했다. 서재필은 반청의식이 투철한 인물이었다. 그는 조선이 몇 개월 전 청으로부터 독립한 사실에 매우 흥분해 있었다. 그리하여 독립신문사 차원에서 독립을 축하하기 위한 기념물로서 독립문 건립을 제안한다. 다음은《독립신문》1896년 6월 20일자 논설이다.

대군주 폐하를 청국과 타국 임금과 동등이 되시게 한 번을 못하여보고 삼 년 전까지 끌어오다가 하나님이 조선을 불쌍히 여기셔서 일본과 청국이 싸움이 된 까닭에 조선이 독립국이 되어 지금은 조선 대군주 폐하께서 세계 각국 대왕들과 동등이 되시고 그런 까닭에 조선 인민도 세계 각국 인민들과 동등이 되었는지라. …… 모화관에 이왕 연

《독립신문》 1896년 6월 20일자 서재필은 이날 논설을 통해 독립문 건립을 제안했다. (박건호 소장)

주문[영은문의 다른 이름] 있던 자리에다가 새로 문을 세우되 그 문 이름은 독립문이라 하고 새로 문을 그 자리에다 세우는 뜻은 세계 만국에 조선이 아주 독립국이란 표를 보이자는 뜻이오. 이왕에 거기 섰던 연주문은 조선 사기[士氣]에 제일 수치 되는 일인즉, 그 수치를 씻으려면 다만 그 문만 헐어버릴 뿐이 아니라 그 문 섰던 자리에 독립문을 세우는 것이 다만 이왕 수치를 씻을 뿐이 아니라 새로 독립하는 주추를 세우는 것이니…….

논설은 독립문 건립이 청으로부터 독립을 기념하기 위한 것임을 명확히 드러내고 있다. 그래서 그 위치도 청 사신을 영접하던 영은문 자리로 낙점한 것이다. 이 독립문 건립 제안 이후 독립신문사 중심으로 성금 모금이 시작되었는데, 많은 사람이 동참했다. 이완용, 안경수 등 정부 고위관료부터 하층민까지 각계각층의 사람들이 이 모금에 참여했다. 청의 속박에서 벗어나 독립했음을 기념한다는 데 누가 반대하겠는가? 이 과정에서 독립문건립추진위원회가 조직되고, 이 위원회가 모태가 되어 1896년 7월 2일 독립협회가 창립된다. 독립협회의 회계장은 안경수가 맡았다.

수많은 사람이 성금 대열에 합류했다. 《독립신문》은 성금을 낸 사람의 이름과 사연, 기부 액수를 일일이 게재했다. 앞에서 소개한 안효응의 1원 성금 영수증은 당시 상황을 반영하는 자료이다. 이런 뜨거운 호응에 힘입어 거금 3,825원이 모금되었고, 1896년 9월 16일 독립문 건립을 위한 기공식에 이어 두 달 뒤인 11월 21일 정초식이 열렸다. 그 일대에 5,000~6,000명의 사람들이 모여들어 독립문 건립을 축하했다. 이날 독립협회 사무위원장 이완용은 떨리는 목소리로 다음과 같이 연설했다. 그의 친미·친일 이력 같은 전후 맥락을 살피지 않고 이 연설만 들었으면 어느 독립운동가의 연설로 착각할 만한 내용이다.

> 독립을 하면 나라가 미국과 같이 세계에 부강한 나라가 될 터이요, 만일 조선 인민이 합심을 못하여 서로 싸우고 서로 해하려고 할 지경이면 구라파〔유럽〕에 있는 폴란드란 나라 모양으로 모두 찢겨 남의 종이 될 터이다. 세계 역사에 두 본보기가 있으니, 조선 사람은 둘 중에 하나를 뽑아 미국같이 독립이 되어 세계에 제일 부강한 나라가 되든지, 폴란드같이 망하든지 좌우간에 사람 하기에 있는지라. 조선 사람은 미국같이 되기를 바라노라.
>
> ─《독립신문》, 1896년 11월 24일자

앞머리에서 퀴즈와 함께 소개한 배재학당 학생들의 합창곡 〈독립가〉는 이 이완용의 연설 바로 앞 순서에서 선보였던 것이다. 앞의 상황을 짐작한다면 〈독립가〉 후렴의 "기쁜 날 기쁜 날 / 우리나라 독립한 날"은 바로 이 독립문이 세워진 날을 의미한다는 것을 쉽게 이해할 수 있을 것이다. 독립문이 청의 속박에서 독립했음을 기념하는 상징물이었기에 독립문 정초식이 열린 1896년 11월 21일은 오늘날 우리에게는 생소하지만 당시 사람들에게는 청으로부터

건립 직후의 독립문 모습을 담은 스테레오뷰 사진 현판석에 새겨 넣은 태극기와 '독립문'이라는 글자가 보인다. 그 앞으로 옛 영은문 주춧돌이 남아 있다. 사진 속 땔감을 실어 나르는 모습처럼 당시 사람들은 이 문을 빈번히 지나다녔다. (박건호 소장)

의 독립을 상징하는 그 시대의 '광복절'이었던 셈이다. 그런 까닭에 〈독립가〉 2절에서 "이백여 년 병자지치 / 오늘이야 씻는구나"라고 하여 독립문 건립으로 1636년 병자호란의 치욕을 드디어 씻게 되었다는 표현까지 담은 것이다.

정초식 이후 1년의 공사 끝에 독립문은 1897년 11월 20일경 완성되었다. 프랑스 개선문을 닮은 독립문은 가운데에 무지개 모양의 홍예문을 배치했다. 그리고 오얏꽃 무늬를 새겨 넣은 이맛돌 위에 현판석을 앞뒤로 달았는데, 앞쪽은 한글로 '독립문', 뒤쪽은 한자로 '獨立門'이라고 음각했다. 이 글씨는 독립협회의 사무위원장이

자 당대 명필로 이름 높았던 이완용이 쓴 것으로 알려져 있다.

독립문이 이런 배경에서 건립되었다는 점을 알아야 이해할 수 있는 사실 하나 더! 일제강점기에 독립문은 파괴되거나 수난을 당한 적이 없었다는 점이다. 심지어 독립문이 쇠락하자 일제는 1928년 거금 4,100원을 들여 대대적으로 수리했으며, 1936년에는 독립문을 고적 제58호로 지정하기까지 했다. 독립문이 일본으로부터의 독립 열망을 담은 기념물이었다면 절대 있을 수 없는 일이다.

일제는 왜 이 기념물을 파괴하지 않고 보호했을까? 일제강점기 신문을 보면 기사에 '독립운동'이라는 단어가 나오는 부분에서 '독립' 두 글자를 지우고 '○○운동'으로 내도록 하는 등 '독립'이라는 말 자체를 철저히 금기시했다. 그런 일제 당국이 독립문을 보호한 이유는 그것이 일본이 아닌 청으로부터의 독립을 기념하는 것이고, 일본은 청일전쟁을 통해 청으로부터의 독립을 도와주었으므로 오히려 이 문은 조선인들에게 일본의 은혜를 과시할 수 있는 상징물이었기 때문이다. 오늘날 시각에서 다소 이해하기 힘들지만 청으로부터의 독립 과정에서 일본이 도움을 주었으므로 고마운 나라라는 인식은 독립문이 건립될 당시에는 말할 것도 없고 그 이후에도 상당 기간 이어진다. 이런 인식은 1919년 일본 유학생들이 발표한 〈2·8독립선언서〉에서도 확인할 수 있다.

일본은 조선이 일본과 순치(脣齒)의 관계가 있음을 깨닫고 1895년 청일전쟁의 결과로 일본이 한국의 독립을 앞장서 승인하였고……

일제강점기 경성 명소로 엽서에 소개된 독립문

왼쪽 엽서는 사진 옆에 "독립문은 조선이 독립국이 되었다는 것을 기념하기 위해 건립된 석문"이라는 설명이 붙어 있다. 일제강점기에는 독립문의 의미를 전혀 불온시하지 않았음을 단적으로 보여준다. 그 반대였다면 이런 엽서를 금지하거나 아니면 독립문을 철거했을 것이다. (박건호 소장)

독립문, '항일 독립'의 상징으로 진화하다

그런데 오늘날에는 많은 한국인이 독립문을 '항일 독립운동'의 상징으로 받아들인다. 하필 독립문 바로 옆에 일제가 독립운동가들을 가두고 고문했던 서대문형무소가 들어서 있는 바람에 사람들은 독립문을 서대문형무소와 함께 묶어 항일 독립운동의 상징으로 인식하게 된 것이다. 일제강점기 이전에 세워진 독립문에 일제로부터의 독립이라는 의미는 애초에 없었지만, 한국인은 '청으로부터의 독립'이라는 의미를 뛰어넘어 '일제로부터의 독립', 더 나아가 '모든 외세로부터의 독립'이라는 상징적 의미를 부여하며 이 기념물을 수용하고 소비해왔다.

　지하철 3호선 독립문역에는 〈기미독립선언서〉가 새겨진 화강암 부조물이 설치되어 있다. 3·1운동을 상징하는 독립선언서가 독립문역에 새겨져 있는 것은 역사적 맥락으로 보자면 뭔가 어색하지만, 대중은 그것을 문제 삼지 않는다. '독립문'과 '독립선언서', 둘 다 '독립'이라는 단어가 들어가는데 무엇이 이상하겠는가? 2018년 3·1운동 99주년 기념식이 서대문형무소에서 열렸는데, 문재인 대통령과 참가자들은 기념식 후 독립문까지 행진한 후 그 앞에서 "대한독립만세"를 외치는 퍼포먼스를 했다. 독립문의 건립 취지를 따지면 썩 어울리지 않는 퍼포먼스였지만, 사람들은 대부분 독립문 앞에서 독립만세를 외치는 것을 이상하게 여기지 않았다.

　이처럼 청으로부터의 독립을 기념하기 위해 세운 독립문이 일제로부터의 독립을 상징하는 문으로 그 의미가 바뀌기 시작한 것은 이미 일제강점기부터다. 오늘날 역사를 잘 모르는 못난 후손들이 아무렇게나 독립문의 이미지를 잘못 소비하고 있는 것은 아니라는 사실이다. 일제강점기에 이 문은 '청으로부터의 독립'이라는 의미보다는 '일본으로부터의 독립'을 표현하는 상징물로 더 자주 등장했다.

일제강점기에 불렸던 〈독립군가〉 가사를 보자.

신대한국 독립군의 백만 용사야 / 조국의 부르심을 네가 아느냐
삼천리 삼천만의 우리 동포를 / 건질 이 너와 나로다
나가 나가 싸우러 나가 / 나가 나가 싸우러 나가
독립문의 자유종이 울릴 때까지 / 싸우러 나아가세

왜 하필 독립문이었을까? 일제강점기 독립군이 불렀던 이 노래에서는 '독립문의 자유종'을 일제로부터의 독립을 상징하는 이미지로 사용하고 있다. 이것만이 아니다. 최근 언론에서는 1920년에 제작한 대한민국 임시정부의 첫 달력 '대한민력(大韓民曆)'을 공개했는데, 이 달력에 그려진 그림이 아주 흥미롭다. 광복 후 독립군이 환국하는 장면을 상상해서 그린 것인데, 독립군이 국내의 많은 동포의 환영을 받으며 독립문을 통과해 행진하고 있다. 독립문을 개선문처럼 묘사했을 뿐 아니라 태극기가 엇갈려 내걸린 모습도 인상적이다. 이 자료를 통해 일제강점기에는 독립문에 태극기를

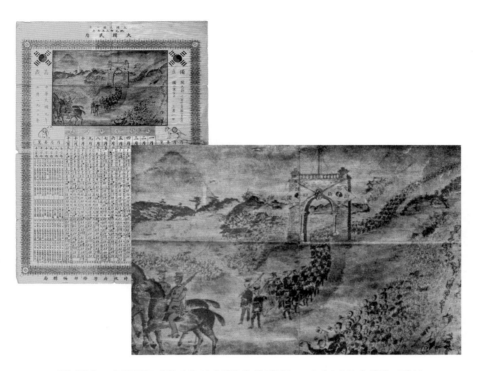

대한민력에 그려진 독립문 대한민국 임시정부의 첫 달력(1920년 대한민력)에 실린 그림(아래)이다. 독립군이 광복 후 독립문을 통과해 서울로 들어오는 장면을 담고 있다. 이 문이 건립된 지 30년이 지난 1920년 무렵에는 이미 독립문의 의미가 변화했음을 보여주고 있다. (규암김약연기념사업회 / 국립민속박물관 소장)

거는 행위를 독립의 상징으로 인식했음을 알 수 있다. 그래서였을까? 일제강점기 최대 규모의 항일 민족운동인 3·1운동 당시 14미터가 넘는 이 독립문 꼭대기에 누군가가 태극기를 꽂아놓았다. 이

에 당황한 일본 경찰은 소방차를 동원해 부랴부랴 태극기를 뽑아 냈다. 일제강점기 독립문의 의미를 잘 보여주는 사건이다.

이런 인식은 계속 이어졌다. 해방 직후 발행된 우표에도, 대한민 국 정부 수립 직후 발행된 지폐에도 독립문은 도안으로 사용되었 다. 이후에도 3·1절, 광복절 등을 기념하여 발행한 기념우표나 엽 서에 독립문은 심심치 않게 등장했다. 이러한 가운데 해방 이후 태 어난 세대에게 독립문은 '일제로부터의 해방'을 상징하는 것으로 자연스럽게 각인되었다.

또 다른 '독립'의 의미

2019년 9월에 나는 매우 흥미로운 사진을 한 장 수집했다. 어느 가 족이 단정하게 옷을 차려입고 독립문 앞에서 찍은 기념사진이다. 사진에는 독립문 옆으로 지금은 철거된 전차 선로도 보인다. 독립 문 위에는 태극기가 게양되어 있고, 그 아래에 '대한민국 독립 1주 년 기념(大韓民國獨立一週年記念)'이라고 적힌 현수막과 '경축'이라 는 휘장이 좌우로 걸려 있다. 이 사진을 수집한 이유는 바로 이것 때문이었다.

'대한민국 독립 1주년 기념'이라니……? 여기서 또 퀴즈 하나! 사진 속 '대한민국 독립 1주년'은 언제를 말하는 것일까? 역시 객 관식이다.

대한민국 정부 수립 후 독립문 '대한민국 독립 1주년 기념(大韓民國獨立一週年記念)'이라고 적힌 현수막이 걸려 있는 독립문. 어느 가족이 단정하게 차려입고 독립문 옆을 지나는 전차 선로 위에서 포즈를 취했다. (박건호 소장)

① 1897년 11월 21일 ② 1920년 3월 1일 ③ 1946년 8월 15일
④ 1949년 8월 15일

③번을 정답으로 고른 독자가 많았을 텐데, 어쩌나…… 이번에
도 땡이다. 해방 직후 한국인들은 1945년 8월 15일을 보통 '광복' 혹
은 '해방'으로 표현했다. 그렇다면 이때 '독립'은 무엇을 의미했을
까? 특이하게도 1948년 대한민국 정부 수립을 가리킨다. 대한민국
정부에서 공식적으로 '독립'이라는 단어를 썼는데, 미군정 3년의
지배하에서 벗어나 홀로 섰다는 의미를 표현하고 싶었던 것이 아
닐까 싶다. 그래서 이 사진은 대한민국 정부 수립 1년 뒤인 1949년
8월 15일 즈음의 것으로, 정답은 ④번이다. 이를 더 확실하게 보여
주는 것이 옛 영은문의 주춧돌에 내걸린 '한번 뭉쳐 민국 수립(民
國樹立)', '다시 뭉쳐 실지 회복(失地恢復)'이라는 구호다. 1948년 대
한민국 정부 수립을 기념해 쓴 표현이 오른쪽 주춧돌의 '민국 수
립'이고, 대한민국 정부 수립 후 한 달 뒤 조선민주주의인민공화
국이 수립됨으로써 38선 이북은 헌법상 대한민국 영토나 실효
적 지배를 못하는 실지(失地)가 되었으니 그것을 되찾아야 한다는
구호가 왼쪽 주춧돌의 '실지 회복'이다. 다른 구호로 바꾸자면 '북
진통일'쯤 되겠다. 이런 구호는 1948년 대한민국 정부 수립 이후에
쓰이기 시작했으므로 ③번은 답이 아니다.
　이렇게 독립문에 담긴 '독립'의 의미는 시대에 따라 다양하게 받
아들여지고 소비되었다. 그래서 '독립일'이 어떤 이에게는 1896년

11월 21일이고, 어떤 이에게는 1945년 8월 15일, 또 어떤 이에게는 1948년 8월 15일이었던 것이다. 독립의 표상인 독립문! 여러분에게는 어떤 의미인가?

실종자 조용익을 찾는 훈령

정미의병과
사라진 통역관

실종자 조용익을 찾는 훈령

1907년, 34.5×28.0cm, 박건호 소장.

청주 군수 윤태흥(尹泰興)이 산내이상 면
장 송영수(宋榮洙)에게 내린 훈령이다. 내
용은 제천군에서 '폭도'에게 잡혀간 통역
관 조용익(趙容益)의 생사를 알 수 없으니
철저히 수색해서 보고하라는 것이다. 한
지에 등사한 문서로 군수 이름과 면 이름,
면장 이름만 직접 붓으로 적었다. '폭도'는
누구이며, 조용익은 왜 납치된 것일까?

即刻 糺察府 訓令을 問 忠州로 出張 所通

訊問 趙容益은 本以 京城中 署塔洞 六十三統 四戸 人으로 本年 八月 九

日에 公事을 因을 非堤川郡으로 出張 夫엿더니 同月 二十二日에 暴徒 처에

竟爲 捕縛 玄야 仝郡에 到去 夫엿더니 其後 生死을 清息이 未

詳 玄기로 至後 人套 玄엿더니 本邑 境内에 詳細 調查을

玄야 斯速 報事 等因 此 該容을 左開 玄와 詳細 調查을

本面內에 詳細 調查 玄니 生死 聞捜索 以報 玄야 無則 無 形止

報來事

隆熙元年 十一月 十三日

本面長 尹泰興 座下

山內正 宋榮洙

左間

趙容益 容貌

산내이상(山內二上) 면장(面長) 송영수(宋榮洙) 좌하(座下)

금일간 재정고문 충주지부 제천출장소 통역 조용익(趙容益)은 본래 경성 서린동 63통 4호 사람으로 올해 9월 9일에 공사(公事)로 인하여 제천군에 출장왔다가 동월 22일에 폭도에게 포박(捕縛)되어 잡혀간 후로 생사의 소식이 미상(未詳)하기로……

2017년 3월경 재미있는 문서 한 장을 수집했다. 대한제국기 등사본 훈령(訓令)으로 발신자는 군수 윤태흥(尹泰興), 수신자는 산내이상 면장 송영수였다. 충청북도 관찰부(觀察府, 지금의 도청)에서 내려온 훈령을 받은 청주군 군수 윤태흥이 다시 관내 면장들에게 하달하는 형식의 문서다. 윤태흥이라는 이름 밑에 찍힌 도장에 '청주 군수(淸州郡守)'라는 한자가 보인다. 훈령 내용은 제천군에서 '폭도'에게 붙잡혀간 통역관 조용익의 생사를 알 수 없으니 철저히 수색할 것을 지시하는 것이었다. 훈령을 내린 시점은 융희(隆熙) 원년, 즉 1907년 11월 13일이다.

110여 년 전에 무슨 납치사건이 일어났던 것일까? 문서에서 '폭도'는 누구를 말하며, 통역관 조용익이 납치된 이유는 무엇일까? 또 납치사건이 일어난 곳인 '제천'은 어떤 곳인가? 1907년 당시로 돌아가보자.

고종 퇴위, 군대 해산 그리고 정미의병

1907년 7월 20일 경운궁(덕수궁) 중화전에서 황제 양위식이 진행되었다. 헤이그 특사 파견의 책임을 추궁하는 일본의 강압으로 고종이 퇴위하고 순종이 즉위하는 날이었다. 그런데 구(舊)황제 와 신(新)황제 모두 항의의 뜻으로 양위식에 불참했다. 이에 일본은 내시들에게 황제 복장을 입힌 채 행사를 강행했다. 황제 없이 황제 대역들로 진행된 기묘한 양위식이었다. 나흘 뒤인 7월 24일 일본은 새황제 순종을 강압하여 한일신협약을 체결했는데, 이 조약의 비밀각서에 '군대 해산' 규정이 포함되었다. 일본이 한국을 식민지로 만들기 전 미리 무장해제를 해놓겠다는 뜻이었다. 이에 따라 순종은 7월 31일 군대 해산 조칙을 내린다.

짐이 생각하건대 국사가 다난한 때를 만났으므로 쓸데없는 비용을

서양 언론에 보도된 대한제국 1907년 대한제국의 황제 양위식을 보도한 이탈리아 화보신문(왼쪽)과 군대 해산 직후 대한제국 군인들과 일본군의 시가전을 보도한 프랑스 화보신문(오른쪽)이다. (박건호 소장)

절약하여 이용후생의 일에 응용함이 오늘의 급선무다. 너희들 장수와 군졸의 오랜 노고를 생각하여 계급에 따라 은금을 나누어주니 너희들은 짐의 뜻을 받들어 각기 업무에 허물이 없도록 하라.

비용 절약을 위해 군대를 해산하겠다니! 국방보다 더한 '오늘의 급선무'가 뭐란 말인가? 일본의 강압에 군대를 해산한다고 하더라도 그 해산 이유치고는 너무 군색했다. 해산 조칙을 내린 다음 날인 8월 1일 군대 해산식이 거행되었다. 이 군대 해산식에 참석한 군인에게 모자와 견장을 회수하고 고향에 돌아가라는 명령이 내려졌다. 해산 장병 중 하사에게는 80원, 병사 1년 이상자에게는 50원, 1년 미만자에게는 25원의 은사금을 지급했다. 그런데 무기를 반납하고 군대 해산식에 참석하려던 군인들에게 시위대(侍衛隊) 제1연대 제1대대장 참령 박승환이 군대 해산에 반대하여 권총으로 자결했다는 소식이 전해졌다. 일순 분위기가 크게 술렁거리기 시작했다. 결국 시위대 제1연대 제1대대와 제2연대 제1대대 병사들은 반납했던 무기를 회수하여 서울 시내 곳곳에서 일본군과 치열한 전투를 벌였다.

고종의 강제 퇴위 이후 시작된 의병 봉기는 군대 해산을 계기로 전국에 확대되었다. 서울에서 내려간 시위대 군인들이나 각 지방 진위대(鎭衛隊) 군인들은 무기를 지닌 채 경기도, 강원도 등지에서 차츰 충청도, 호남 일대로 내려가면서 의병 부대에 합류하거나 직접 부대를 조직해 일제에 저항했다. 고종의 강제 퇴위와 군대 해산이 있던 이해가 정미년(丁未年)이라 역사에서는 이들을 '정미의병'이라고 부른다. 을미의병, 을사의병에 이어 한말 의병운동의 마지막을 장식할 정미의병이 본격화되는 순간이었다. 바야흐로 대한제국을 식민지로 만들려는 일제와 이 땅의 국권을 지키려는 의병 세력의 결전이 다가오고 있었다. 그러나 이 싸움은 이미 답이 정해져 있었다. 소박한 무기로 강력한 일본군을 상대하기는 어차피 불가능한 일이었을지 모른다. 패배와 죽음이 예정된 전투였기에 이들의 항쟁은 비장하고도 비극적이었다.

그해 한 서양 기자가 의병들을 찾아서 전국 방방곡곡을 누비고 있었다. 그는 런던 《데일리메일(Daily Mail)》의 아시아 특파원 매켄지(Frederick A. Mckenzie)였다. 39세의 스코틀랜드계 캐나다인 매켄지는 자신의 표현대로 '의병의 전투 지역을 실제로 여행했던 유일한 백인'이었다. 경기도·충청도·강원도의 산중을 헤매며 의병을 직접 만나 그들의 활약상을 생생한 르포로 세계에 알렸다.

경기도 양평 부근에서 의병과 일본군의 전투가 벌어졌다는 정보를 입수한 매켄지는 그곳으로 달려갔다. 그리고 그곳에서 한 무리의 의병 부대를 만나게 된다. 의병장으로 보이는 인물에게 그가 묻는다. "당신들이 여기에 있는 줄 알면 일본군이 틀림없이 이리로 올 텐데, 야간 공격에 대해 어떤 경계 태세를 취하고 있나요? 보초는 세워놓았나요?" 이 질문에 의병장은 이렇게 대답한다.

> 보초는 필요 없습니다. 주위에 있는 한국인 전부가 우리를 위해 감시해주고 있습니다. …… 결국 우리는 죽을 수밖에 없을 것입니다. 그러나 그것으로 좋습니다. 일본의 노예로 살기보다는 자유로운 인간으로 죽는 편이 훨씬 낫습니다.
>
> – 매켄지, 《대한제국의 비극(THE TRAGEDY OF KOREA)》(1908)

이렇게 정미의병이 일제와 항쟁하고 있을 때, 대한자강회 같은

대한제국 시기의 의병 매켄지가 쓴《대한제국의 비극》(1908)에 실린 의병 사진이다. (출처: archive.org)

애국계몽운동 계열에서는 국채보상운동을 전개했다. 1907년 당시 대한제국이 일본에 지고 있던 나랏빛 1,300만 원을 국민 성금으로 갚자는 취지의 운동이었다. 의병들이 무장투쟁으로 국권 회복을 추구했다면, 애국계몽운동 계열에서는 장기적인 실력 양성으로 국권을 회복하자는 것이었다. 방법이 서로 다르고 상대방을 비난하기도 했지만, 의병운동과 애국계몽운동의 공통된 목표는 하나, 대한제국의 국권 회복이었다.

의병의 처음이자 마지막이었던 제천

1980년 5·18민주화운동 당시 계엄 당국은 광주 시민과 시민군을 '폭도'라고 불렀다. 1907년도 이와 다르지 않았다. 국권 회복을 위해 무장투쟁을 전개했던 이들을 우리는 '의병'이라고 부르지만, 당시 일제와 친일파 관료들이 장악한 정부는 이들을 '비적(匪賊)' 혹은 '폭도(暴徒)'로 취급했다. 앞에서 소개한 훈령에서 조용익을 포박해 잡아간 사람들, 즉 '폭도'로 불린 이들은 다름 아닌 정미의병이었을 것이다. 게다가 조용익이 잡혀간 곳은 바로 '제천'이 아니던가. 제천은 정미의병과 관련하여 매우 중요한 지역이다. 제천이라는 지명 때문에라도 훈령 속 '폭도'가 정미의병이었음은 더욱 확실해진다.

"제천은 의병의 처음이요, 마지막 고장이다." 제천에서 의병으로 활동했던 회당 박정수(朴貞洙)의 말이다. 이것은 빈말이 아니었다. 제천은 의병 활동이 활발했던 곳 중 하나로, 1907년 8월의 천남전투가 특히 유명하다. 윤기영, 민긍호, 오경묵, 정대무, 이강년 등 의병장들이 이끄는 의병 부대들이 연합하여 일본군과 4시간이 넘는 접전을 벌여 큰 승리를 거두었다. 며칠 뒤 일본군은 천남전투에 대한 보복으로 제천 일대를 초토화했다.

다른 여러 도시도 파괴되어 있었지만, 제천의 대파괴와는 비교할 수가 없었다. 여기 제천은 문자 그대로 완전히 파괴되어 있었다. …… 내가 제천에 도착한 것은 이른 가을 더운 날이었다. …… 나는 말에서 내려 길을 따라가며 잿더미 위를 걸었다. 나는 일찍이 이렇게 철저하게 파괴된 것을 본 적이 없었다. 한 달 전만 해도 북적대고 풍요롭던 마을이 지금은 완전히 자취를 감추고 기와 조각과 회색 잿더미, 타다 남은 찌꺼기만 널려 있었다. 멀쩡한 벽도, 대들보도, 깨지지 않은 옹기조차 하나 없었다. 여기저기서 사람들이 재를 파헤치면서 무언가 쓸 만한 것을 찾았으나 모두 허사였다. 제천은 지도 위에서 사라졌다.

– 매켄지, 《대한제국의 비극》(1908)

매켄지가 초토화된 제천을 취재한 기록이다. 제천은 1907년 정미의병 당시 일제와 의병 두 세력이 가장 격렬하게 충돌한 곳이었다. 제천 의병을 정미의병의 상징이라고 하는 데는 다 이유가 있다. 이런 역사를 이해해야 왜 오늘날 제천에 '의병전시관', '의병도서관', '의병기념탑', '의병광장' 같은 의병 관련 기념물들이 들어서 있는지를 알 수 있다.

다시 훈령의 내용을 살펴보자. 훈령에 따르면 조용익이 의병들에게 잡혀갈 때의 직책은 '재정고문 충주지부 제천출장소 통역'이었다. 1907년 9월 9일 일본어 통역관 조용익은 제천에 출장을 오게 된다. 당시 일본인 재정고문 메가타 다네타로(目賀田種太郎)의 주도

1907년 일본군에 의해 초토화된 제천 일대 이 역시 매켄지가 찍은 사진으로 《대한제국의 비극》(1908)에 실렸다. (출처: archive.org)

로 1905년부터 화폐정리사업이 진행 중이었고, 조용익은 일본어 통역을 위해 재정고문 충주지부 제천출장소에 파견되었을 것이다. 그러던 중 조용익은 제천에서 활동하던 의병들에게 납치된다. 9월 22일의 일이었다.

앞에서 언급했듯이, 제천은 이미 8월에 초토화되었고 제천 의병도 큰 타격을 입었다. 이런 상황에서도 일부 의병들은 여전히 제천 일대에서 활동을 지속하며 급기야 일본어 통역관 조용익을 사로잡은 것이었다. 특히 일본이 한국의 재정과 금융을 지배하기 위해 화폐정리사업을 벌이던 상황에서 조용익이 그와 관련된 일의 통역을 맡았으니 의병들은 그를 일본의 앞잡이이거나 일본과 한통속으로 여겼을 것이다. 훈령에 조용익이 "폭도에게 포박되어 잡혀" 갔다고 한 것으로 보아 당일 의병들은 조용익을 죽이지 않고 줄로 묶어 잡아간 것으로 짐작된다. 아마 의병들은 조용익이 직업상 일본 측 정보를 많이 가지고 있을 테고, 또 일본군을 포로로 잡을 경우 통역관이 있으면 심문하기가 좀 더 수월하다는 점을 고려했을 것이다.

그렇게 조용익이 의병들에게 잡혀가 행방불명된 지 두 달이 다 되어가고 있었다. 그런데도 조용익의 행방은커녕 생사조차 파악되지 않았다. 경성 서린동(지금의 서울 종로구 소재)에 살던 그의 가족들은 관청에 몰려가 연일 조용익을 찾아달라고 울부짖었을 것이다. 이런 상황에서 제천을 관할하던 충청북도 관찰부에서는 조용익을 수색하여 생사를 확인해 보고하라는 훈령을 도내 각 군에 하달하고, 다시 각 군수는 각 면장에게 같은 내용의 훈령을 내리게 된다. 내가 수집한 훈령 문서는 이런 배경에서 만들어졌을 것이다.

조용익은 흉터가 있고, 신체 건강하고 비만

이제 그들과 함께 조용익을 찾아보기로 하자. 그런데 한 번도 본

적이 없는 사람을 어떻게 찾을 수 있단 말인가? 사진이 있으면 좋겠다. 그런데 당시는 아직 사진이 일반적으로 쓰이던 시절이 아니었다. 1883년 서울에 사진관이 첫 영업을 시작한 이래 시간이 꽤 흘렀지만, 이런 사건에 사진을 이용하는 건 상상하지 못했을 것이다. 그렇다면 그림을 그릴 수도 있겠다. 그러나 이 역시 충분하지는 않다. 그림은 인물의 외형만을 간단히 보여주기 때문이다. 장애가 있는 경우라든지, 사투리나 말투 같은 것을 그림에 담을 수는 없다. 그러면 무슨 방법이 있을까?

호패(號牌)에 힌트가 있다. 호패는 조선시대에 사용된 신분증으로, 호패 소지자의 개인 정보가 담겨 있다. 지금은 신분증에 사진을 넣어 개인의 특징을 파악하지만, 당시에는 호패에 신체 특징을 기재하도록 했다.《경국대전》규정에 따르면, 호패에 일반 백성은 이름과 거주지, 얼굴빛과 수염 유무 등을 기재하고, 노비는 나이, 거주지, 얼굴빛, 키, 수염 유무 외에도 주인의 이름을 기록했다. 사진이 없던 조선시대에 개인을 구별하는 기준은 얼굴 색깔, 키, 수염의 유무 정도의 신체 특징이었던 것이다. 그러니 사람을 찾는다면, 이 호패에 기재된 신체 특징을 바탕으로 좀 더 자세히 인물의 특징을 기술하는 수밖에 없었을 것이다.

조용익을 찾는 훈령에서 가장 흥미를 끄는 것은 훈령의 마지막 부분이다. 청주 군수 윤태홍이 산내이상 면장 송영수에게 수색 결과를 보고하라고 명령을 내린 다음에 '좌개(左開, 왼쪽에 붙여놓음)' 라고 하여 따로 조용익의 용모를 설명했다. 즉, 조용익을 모르는

조선시대 신분증 호패 호패에는 사진이 없는 대신 신체 특징을 기재해 개인을 구별했다. 사진은 조선시대에 살았던 '윤재흡'의 호패 앞면과 뒷면이다. 뒷면에 '적면(赤面, 얼굴이 붉다)'이라고 윤재흡의 신체 특징을 밝혀놓았다. 그러나 현존하는 조선시대 호패는 대부분 이런 신체 특징이 생략되어 있다. (박건호 소장)

사람도 그 인상착의를 기억해 그를 찾을 수 있도록 한 것이다. 조용익의 용모가 어떤지 훈령 끝부분을 살펴보자.

…… (조용익이 폭도들에게) 잡혀간 후로 생사의 소식이 미상하기로 해인(該人, 그 사람)의 용모를 좌개하여 훈령을 내리니 훈령 도착 즉시 본 면내에 상세 조사하여 생사간(生死間) 수색 보고하되 없으면 없다고 보고할 것.

융희 원년 11월 13일 본(本) 군수 윤태흥

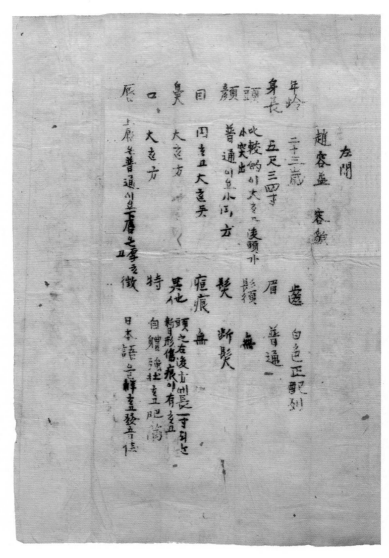

左開

趙容益　容敏

年齡　二十三歲

身長　五尺三四寸

頭　比較的이大호고凌頭水髮類

顏　普通이오小正方　　眉　普通

遑　白色正配列

目　圓호고大호뜻　　痘痕　無

鼻　大호고方　　特他　頭之左後前側長一寸되는新月形傷痕이有호고自體强壮호고肥滿

髭　斷髮

口　大호고方

唇　上唇은普通이오下唇之厚호고徵　日本語言辭를發音信

훈령의 '좌개(左開)' 내용 항목을 나누어 조용익의 용모를 꼼꼼히 설명하고 있다. 그는 키가 5척 3~4촌이고, 시대의 변화에 따라 단발을 했음도 확인할 수 있다.

좌개

조용익 용모

- 연령: 23세
- 신장: 5척 3~4촌〔약 160~164센티미터〕
- 머리: 비교적 크고 뒤통수가 조금 튀어나옴
- 얼굴: 보통이고 작은 편
- 눈: 둥글고 큰 편
- 코: 큰 편
- 입: 큰 편
- 입술: 윗입술은 보통이고, 아랫입술은 두툼한 편
- 치아: 희고 고르게 배열
- 눈썹: 보통
- 수염: 없음
- 머리카락: 단발
- 두흔(痘痕, 마마자국): 없음
- 기타 특징: 머리 오른쪽 뒤에 길이 1촌 되는 신일형(新日形, 갓 해가 떠오른 모양)의 흉터가 있음. 신체 건장하고 비만. 일본어를 잘하고 발음이 좋음

조용익의 인상착의를 매우 자세하게 밝히고 있다. 조용익의 용모가 상상이 되는가? 이런 인상착의를 바탕으로 조용익을 찾으라고 했다면 우리는 그를 금방 알아볼 수 있었을까?

납치된 조용익은 이후 어찌 되었을까? 의병들에게 끌려가자마자 바로 죽었을까? 아니면 의병들에게 끌려다니다가 일본군의 의병 진압 작전 때 죽었을까? 아니면 구출되었을까? 그도 아니면 스스로 탈출하여 가족의 품으로 돌아갔을까? 안타깝지만 우리는 조용익의 뒷이야기를 더 이상 알 수 없다.

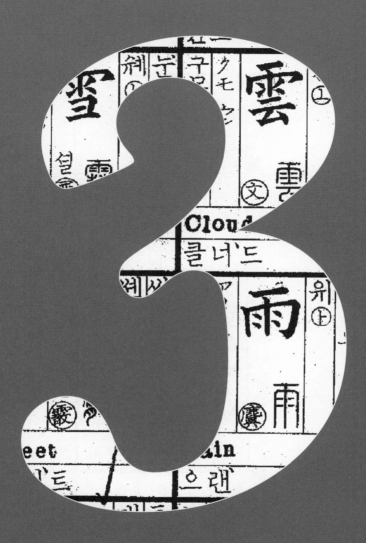

조선의 영어 교재,
지석영이 펴낸 《아학편》

정약용과 지석영이
《아학편》을
논하다

지석영이 펴낸 《아학편(兒學編)》 1908년, 15.2×22.3cm, 박건호 소장.

송촌 지석영이 펴낸 《아학편》은 조선의 첫 영어 교재라 할 수 있다. 누군가 새로 표지를 만들어 붙이고 제목도 '大韓國文(대한국문)'으로 써놓아 처음에는 표지만으로 그 정체를 알 수 없었다. 한편, 1804년 다산 정약용이 쓴 같은 제목의 책이 있는데, 이 두 《아학편》은 무슨 관련이 있을까?

A	B	C	D	E	F	G	H	I	J	K	L	M	N
a	b	c	d	e	f	g	h	i	j	k	l	m	n

에이 비 씨 띄 이 에프흐 지 에어허아이 찌 케 엘 엡 엔

ㅐ ㅅㅐ ㅅ ㅅㄷ ㅣ ㅍ흐 ㅅㅎ ㅎ ㅣ � ㅋ ㄹ ㅁ ㄴ
ㅐ ㅋ ㅈ
ㅔ

A Ya Au Ye O Yo Au Yoo Eu

ㅏ ㅑ ㅓ ㅕ ㅗ ㅛ ㅜ ㅠ ㅡ

大
韓
國
文

2017년 봄 경매에 옥편처럼 생긴 재미있는 책이 하나 나왔다. 원래 책에서 표지가 떨어져나간 것을 누가 새로 표지를 만들어 붙였는데, 책 제목이 '大韓國文(대한국문)'으로 되어 있었다. 흥미롭게도 이 책은 한자에 대한 우리말 음과 뜻, 그리고 중국어 발음뿐 아니라 일본어와 영어로 해당 글자를 표기하고 한글로 발음도 표기해놓은 일종의 다국어 사전이었다. 그런데 아무리 관련 자료를 찾아봐도《대한국문》이란 책은 없었다. 비슷한 제목으로 1906년 국어학자 주시경이 펴낸《대한국어문법》이 있으나 경매에 나온 책과는 다른 책이었다. 이리저리 조사해본 결과 그 책은 송촌 지석영이 1908년 편찬한《아학편(兒學編)》이 분명했다. 책 표지를 만들어 붙이면서 책 제목을 바꿔놓는 바람에 금방 알아볼 수 없었던 것이다.

다산의 《아학편》과 송촌의 《아학편》

그런데 이 책을 어렵게 낙찰받은 그즈음 우연히 SNS와 언론에서 《아학편》이 화제가 되었다. 조선시대에 간행된 영어 학습서로《아학편》이라는 책이 있는데, 거기에 적힌 영어 발음이 흥미롭다는 것이었다. 게다가 다산 정약용이 쓴 책이라고 알려지면서 대중의 관심이 쏠렸다.

그러나 그건 잘못 알려진 사실이었다. 정약용과 지석영이 '아학편'이라는 같은 이름의 책을 썼다는 것을 몰라서 생긴 오해였다. 1804년 정약용이 아이들의 한자 공부 교재로 《아학편》을 편찬했는데, 지석영이 그 책에 중국어, 일본어, 영어 표현과 발음까지 달아서 1908년 증보해 만든 것이 같은 이름의 《아학편》이다. 두 책은 100년 이상의 시차가 있다. 지석영의 《아학편》 서문을 보면 이 책을 만든 취지가 잘 드러나 있다. 그는 여기에서 자신의 책이 다산의 책을 기본으로 했음을 분명히 밝히고 있다.

> 이 책은 다산 정약용 선생께서 지으신 것이다. …… 돌아보건대 요즈음 개항이 되고서 유럽과 아시아가 서로 교역을 하는데, 다른 나라의 우수한 점을 취하여 자기 나라의 모자란 점을 보충하며 열강들 사이에서 균형을 맞추려고 다투고 있으니, 이런 상황에서 어학은 매우 중요한 것이다. 이 책에서는 글자를 중국과 서양 및 일본의 음과 뜻으로 풀어 우리나라 사람들로 하여금 소학교에서 공부를 할 때 나아갈

다산 정약용(1762~1836, 왼쪽)과 송촌 지석영(1855~1935, 오른쪽) 두 사람의 생애는 약 100년 의 시차가 있지만 관심 분야가 겹치는 부분이 꽤 있다. (다산박물관 소장 / 출처: 전통문화 포털)

방향을 알게 해준다.

어쨌든 한동안 관심을 끌었던 《아학편》 때문에 이런 저간의 사 정을 밝힐 글을 한 편 쓰리라 마음먹고 《아학편》을 펼쳐 들었다. 책을 이리저리 한참 훑어보다 그만 깜빡 잠이 들고 말았다. 그런데 우연이었을까? 꿈속에서 다산 정약용과 송촌 지석영이 대담을 나 누고 있었다. 꿈이었지만 그들의 대화가 너무 생생해서 기억나는 것에 몇 자를 보태어 대화를 재구성해보았다.

다산과 송촌의 천상 대담

어느 날 천상(天上)에서

송촌 다산 선생님, 처음 뵙겠습니다. 저는 선생님을 존경하는 후
학 지석영이라 하옵니다. 호는 송촌이지요.

다산 반갑습니다. 제가 송촌을 모를 리가 있겠습니까? 우두종두
법을 보급한 사람으로 널리 알려진 송촌 아닙니까?《우두신
설(牛痘新說)》도 펴내셨지요. 나는 자식 아홉 중 여섯을 마마
와 홍역으로 잃었지요. 아비 된 자로서 마마를 물리쳐보려
고《마과회통(麻科會通)》을 펴내기도 했지만 역부족이었소.
그러고 보니 나와 송촌은 마마 퇴치를 위해 노력했다는 공
통점이 있군요.

송촌 선생님이 귀양살이를 시작하시고 그 이듬해 네 살짜리 막
내 농이가 마마로 죽었다는 소식을 듣고 쓰신 편지글〈답양
아(答兩兒)〉를 읽고 저 또한 눈시울을 붉혔습니다. "우리 농
이가 죽었다니! 참혹하고도 슬프구나. 그 아이 생애가 불쌍
하구나." 이렇게 시작하는 글 말입니다.

다산 말씀을 들으니 아이들 생각이 나는군요. 송촌은 내가 쓴 글

들을 죄다 보셨나 봅니다.

송촌 그런데 선생님과 저의 인연은 종두법만이 아닙니다. 선생님은 신유박해 때 천주교 문제로 정치적 박해를 받으셨지요. 그때 작은 형님이신 선암 정약종 선생이 순교하셨고, 큰 형님 손암 정약전 선생과 다산 선생님은 유배를 가셨지요. 특히, 선생님이 나중에 유배 생활을 하신 강진에 저도 유배를 갔답니다.

다산 송촌은 무슨 일로 유배를 갔소? 나처럼 천주교 문제요?

송촌 아닙니다. 1884년 젊은 개화파 청년들이 정변(갑신정변)을 일으켰는데, 당시 집권 세력인 민씨 일파가 저를 그들과 연루시켜 탄압했었지요. 《고종실록》에는 "박영효가 흉한 음모를 꾸밀 적에 남몰래 간계를 도운 자가 지석영이었고, 박영효가 암행어사로 나갔을 때 모질게 하라고 가르쳐서 백성들에게 독을 끼친 자도 지석영이었다. 흉악한 저 지석영은 우두를 놓는 기술을 가르쳐준다는 구실로 도당을 끌어모았다"라고 저를 공격한 내용도 실려 있습니다. 그 일로 저는 강진현 신지도에 유배되어 5년간 위리안치되었습니다.

다산 고생이 심하셨겠군요.

송촌 18년이나 유배 생활을 하신 선생님에 비하면 전 아무것도 아니지요. 선생님이 유배지에서 많은 책을 저술하셨듯이, 저도 그곳에서 우두 보급을 위해 노력했습니다. 그 경험을 바탕으로 유배가 풀리자마자 한양에 올라와 교동에 '우두보영당(牛痘保嬰堂)'이라는 의료시설을 설립하고 어린아이들에게 우두 접종을 실시했습니다. 나중에는 의학교 설립을 건의했고, 의학교 설립 후에는 의학교 교장에 취임했습니다.

다산 참 훌륭하십니다. 선생 같은 분이 나보다 먼저 태어났더라면 내 아이들을 그렇게 안타깝게 보내지 않았을 테지요. 그런데 송촌은 의학뿐만 아니라 한글 보급에도 관심이 많았더군요. '국문연구소'에서 주시경, 이능화 같은 분들과 한글을 연구하고, 한자를 한글로 풀이한 《자전석요(字典釋要)》를 펴내기도 했다지요? 부끄럽지만 한 가지 고백하자면 나는 비슷한 시기에 활동한 주시경 선생과 송촌이 종종 헷갈렸다오. 그래서 송촌이 한글 연구까지 한 줄 모르고 《자전석요》를 주시경 선생이 쓴 것으로 오해했습니다. 워낙 송촌이 종두법으로 강한 인상을 남겨서지요. 자랑 같지만 저도 송촌처럼 평소 어학에 관심이 많았어요. 그래서 어학서인 《아언각비(雅言覺非)》를 낸 적이 있어요. 송촌은 제가 쓴 《아학편》도 새롭게 개편해서 간행했다고 들었습니다만.

송촌 선생님의 양해도 없이 책을 내어 꼭 찾아뵙고 인사를 드리고 싶었습니다. 우리 후손들 표현을 빌리자면 선생님이 '저작권'을 가지고 계시니까요. 저는 선생님의 《아학편》을 보고 중국인 주흥사가 쓴 《천자문》보다 훨씬 훌륭한 책이라고 생각했습니다.

다산 고맙소. 《천자문》은 오래전부터 우리 조선에서 아이들이 처음 한자를 익힐 때 《동몽선습》과 함께 많이 보는 책인데, 내가 보기에는 그 책이 만만치 않아요. 《천자문》 한 권을 다 읽어도 무슨 뜻인지 잘 모르는 글자도 많고 해서, 이해하기 어려운 천자문을 아이들에게 가르쳐서는 안 된다는 생각으로 《아학편》을 새로 펴냈지요. 그때가 내 나이 43세로, 유배 생활을 한 지 4년째 되던 1804년으로 기억합니다.

송촌 네. 선생님의 《아학편》은 기존 천자문과 달리 일상생활에 필요한 한자를 골라 상하권 1,000자씩 총 2,000자를 수록했는데, 아이들이 문자를 익히는 데 참으로 유용한 교재였습니다.

다산 과찬이십니다. 그런데 송촌이 내가 쓴 《아학편》을 어떻게 개편했는지 궁금하군요. 송촌이 《아학편》을 새로 펴낸 것이 1908년이니 내 것보다 대략 100년 뒤군요.

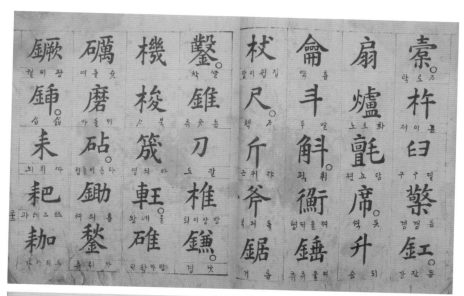

정약용의 《아학편》과 지석영의 《아학편》 정약용의 《아학편》(필사본, 위)은 각 한자에 우리 말뜻과 음을 붙인 간단한 구조이다. 지석영의 《아학편》(아래)은 한자를 중심에 두고 좌우와 하단에 우리 말뜻과 음, 중국어 발음, 그리고 일본어와 영어를 표기하고 그 음을 한글로 표기했다. (국립민속박물관 소장 / 박건호 소장)

송촌 저는 다산 선생님이 지은《아학편》의 체제나 글자 배열을
그대로 따랐습니다. 다만 선생님이 돌아가신 지 40년 뒤에
조선은 일본에 문호를 개방하게 됩니다. 그리고 그 몇 년
뒤부터는 서양의 여러 나라와도 수교를 맺고 교역하게 되
는데, 이런 상황에서 어학이 중요하겠다 싶어 선생님의《아
학편》에 다른 나라의 말을 더해서 엮었습니다. 선생님이 구
성한 2,000자의 한자를 중심에 두고 그 글자를 중국과 일
본, 그리고 서양 말의 음과 뜻으로 풀어 우리나라 사람들이
한자뿐 아니라 다른 나라의 문자를 함께 익힐 수 있도록 만
들었습니다.

다산 서양 말의 음과 뜻까지 말입니까? 중국과 일본 말은 이웃
나라라서 사역원(司譯院, 조선시대에 외국어 번역과 통역 업무를
맡아보던 관청)의 자료들을 참고하면 그럭저럭 해결할 수가
있었을 터인데, 서양 말은 어렵지 않았습니까?

송촌 어렵다마다요. 워낙 글자들이 생소해서요. 그런데 선생님은
혹시 서양 글자를 본 적이 있으신가요?

다산 나는 본 적은 없다오. 그런데 그 글자들이 어떻게 생겼는지
에 대해 들은 적은 있어요. 내가 1801년 신유박해로 장기현
에 유배 가 있을 때 황사영 백서사건이 일어났어요. 황사영

영어학교 도강기 대한제국기 영어 교육 전문 기관이었던 관립영어학교에서 1896년에 발행한 '이원기(李源綺)' 학생의 '도강기(都講記)'로, 일종의 성적표이다. 당시 영어학교에서 영어 독해, 문법, 번역, 작문, 받아쓰기, 회화, 산술 등을 가르쳤음을 알 수 있다. 교관이 쓴 학생 평도 재미있다. "在家不甚做工 做工甚惰 品行端正"(집에서 공부를 열심히 하지 않는다. 공부하는 것이 매우 게으르다. 그러나 품행은 단정하다.) 우리나라 초창기 영어 교육과 관련된 매우 흥미로운 자료이다. (박건호 소장)

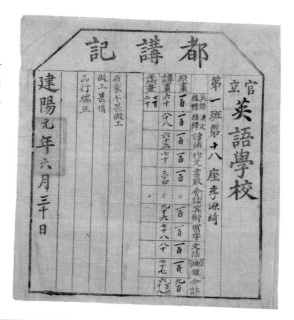

은 제 맏형의 사위입니다. 그 때문에 다시 국문을 받으러 그해 10월 한양으로 압송된 적이 있습니다. 그런데 마침 그때 제주도 대정현 해안을 지나던 이양선에서 선원 다섯 명을 내려놓고는 내처 가버린 일이 있었어요. 아마 물을 얻기 위해 선원들을 육지로 보냈다가 사람들이 몰려오니까 그들을 버리고 급히 도망간 게 아닌가 싶어요. 그때 붙잡힌 선원들에 대한 보고가 10월 말에 올라왔는데 내용은 이러했습니다.

"다섯 명의 얼굴과 몸이 모두 검어서 형상이 꼭 긴팔원숭이 같았습니다. 왜가리가 시끄럽게 지절거리는 것 같았고, 글씨는 난잡하기가 엉클어진 실 모양 같았습니다. 글씨는 왼쪽에서부터 횡서로 썼는데 글자 모양이 꼬부라져서 알 수가 없었습니다."

송촌 그들은 어디서 온 사람들이었습니까? 그러면 '왜가리가 시끄럽게 지절거리는' 말과 '엉클어진 실'처럼 생겼다는 글자의 정체를 알 수 있었을 텐데요.

다산 처음 잡혔을 때부터 그 사람들이 계속 '막가외(莫可外)'라고 외쳤다고 해요. 나중에 알고 보니 그곳은 마카오였어요. 그들은 마카오를 거쳐 일본으로 가던 참이었습니다. 그래서 그 글자가 서양 글자인 것은 분명해 보이지만, 어느 나라 글자인지는 확실하지 않습니다. 내가 죄인 처지만 아니었어도 더 자세히 알아보고 기록해두었을 텐데 아쉬움이 큽니다.

송촌 선생님은 어려움에 처해서도 학문적 관심을 놓지 않으셨군요.

다산 허허. 과찬이십니다. 그건 그렇다 치고 송촌이 《아학편》 만들던 이야기를 좀 더 들려주시지요. 서양 말과 글의 어려움을 어떻게 극복했는지…….

송촌 뜻이 있는 곳에 길이 있다고 했던가요. 제가 이런 책을 만들 겠다고 마음먹은 지는 오래되었지만 능력이 모자라 주저하던 차에 동서양의 말과 글에 통달한 전용규라는 선비를 만났습니다. 이후 일이 본격적으로 진행되었지요. 그러니 저의 《아학편》은 다산 선생님과 저, 그리고 전용규 세 사람의 힘이 보태져서 만들어진 셈입니다.

다산 내 《아학편》은 한자 밑에 한글로 음과 뜻을 달았을 뿐인데, 송촌은 어떤 식으로 내용을 덧붙였는지요?

송촌 네. 앞에서 말씀드린 대로 선생님이 선별한 2,000자의 배열은 그대로 따랐습니다. 그런데 글자마다 달아놓은 설명이 좀 다릅니다. 각 한자를 가운데 두고 왼쪽, 오른쪽, 아래 세 영역으로 나누어 글자를 감싸듯이 다른 나라의 말을 덧붙였습니다. 먼저, 글자의 왼쪽은 일본어에서 훈독할 때와 음독할 때의 발음을 가나와 한글로 각각 적어놓았습니다. 그리고 글자의 오른쪽은 그 글자의 음과 훈, 그리고 중국어 발음과 성조를 밝혔습니다. 그리고 아래 부분에는 시대의 변화를 반영하여 한자와 같은 의미를 가진 영어 단어와 그 발음을 한글로 적어놓았지요.

로드? 으로드! 베지터블? 예쥐타불!

다산 참으로 가상한 일을 하셨군요. 한글로 영어를 표기하기가 어렵지는 않던가요? 내 사후 20년쯤 뒤에 혜강 최한기 선생이 《지구전요(地球典要)》에서 한자로 '挨(애), 碑(비), 媤(시), 地(지), 依(의), 鴨符(압부), 芝(지)……'라고 쓴 것이 우리 역사상 최초로 영어 알파벳을 조선에 소개한 것이라고 들었습니다만, 송촌은 어떻게 표기를 하셨는지 궁금하오.

송촌 저는 영어 알파벳 26자를 한글로 표기했는데, 소리 나는 발음에 가깝게 적고자 노력했습니다. "에이, 삐, 씨, 띄, 이, 에푸, 지, 에이취, 아이, 쎄, 케, 엘, 엠, 엔, 오, 피, 키우, 아르, 에쓰, 티, 유, 웨, 따블뉴, 엑스, 와이, 제트" 이렇게 말입니다. 그리고 이런 발음 요소들을 결합하여 영어 단어를 한글로 표기했습니다. 예를 들어 도읍을 뜻하는 '京(경)'은 'Capital'이라고 쓰고 발음은 '캅피탈'로, 채소를 뜻하는 '菜(채)'는 'Vegetable'이라 쓰고 발음은 '예쥐타불'로, 이웃을 뜻하는 '隣(린)'은 영어로 'Neighbour'라 쓰고 발음은 '네버'라고 표기했습니다. 세종대왕께서 만드신 한글이 워낙 훌륭해서 영어 발음을 표기하는 데 큰 문제가 없었습니다.

다산 재미나고 흥미롭군요. 그런데 참! 이웃을 뜻하는 네버

지석영의 《아학편》 일부 알파벳 'R'로 시작하는 단어의 우리말 발음 표기는 특이하게도 '으' 자를 앞머리에 붙였다. 즉, '雨, 米, 路, 富'의 영어 단어와 발음은 'Rain-으랜', 'Rice-으라이쓰', 'Road-으로드', 'Rich-으리취'로 표기했다. (박건호 소장)

(Neighbour)라는 단어 말이오. 송촌보다 늦게 하늘나라에 온 단재 신채호 선생이 이상하게 발음해서 화제가 되었던 그 단어 아니오?

송촌　저도 그 이야기를 들었습니다. 단재는 워낙 고집이 세어서 제가 정리해놓은 이런 식의 영어 발음을 따르지 않았습니다. 'Neighbour'를 '네버'라고 하면 될 것을 '네이그흐바우어'라고 읽지를 않나, 영어 문장 중간중간에 '하여슬람' 이런 말을 집어넣어 읽지를 않나……. 사람들이 그렇게 읽으면 안 된다고 이야기를 하면 "영문이나 한문이나 글은 다 마찬가지 아니오"라며 오히려 큰소리를 쳤다고 합니다.

다산 지금의 후손들은 송촌이 정리해놓은 그 발음을 잘 따르고 있습니까?

송촌 워낙 세월이 많이 흘러서인지 비슷한 것도 있고, 달라진 것도 있습니다. 가장 크게 달라진 게 'R'로 시작되는 단어들인데, 저는 항상 맨 앞에 '으'를 넣어 발음을 표기했는데, 지금 사람들은 그렇지 않습니다. 예를 들어 길을 뜻하는 'Road', 비를 뜻하는 'Rain', 쌀을 뜻하는 'Rice'를 저는 각각 '으로드', '으랜', '으라이쓰'라고 적었는데, 요즘 사람들은 그냥 '로드', '레인', '라이스'라고 적고 있지요. 서양 사람들의 말을 들어보면 '으'를 넣어야 더 비슷하게 발음할 수 있는데 말입니다.

다산 그건 후손들이 알아서 하겠지요. 송촌! 오후에 정조대왕과 바둑 약속이 있어서 이만 일어서야 되겠오. 수원 화성 쪽 하늘에서 뵙기로 했거든요. 다음에 또 봅시다. 다음에 볼 때는 '네이그흐바우어'라던 단재도 불러서 같이 대화도 하고, 술과 여흥도 나눠봅시다. 참! 주시경 선생도 같이요.

송촌 네. 그리하지요. 다산 선생님. 제가 연통을 넣어 금명간 자리를 마련하겠습니다. 다시 뵐 때까지 내내 평안하십시오.

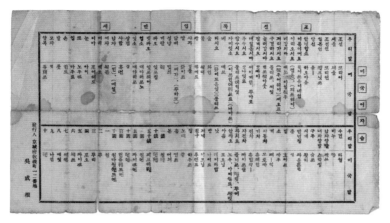

해방 직후 미군정기에 영어가 공용어로 쓰이면서 영어 학습 붐이 일었다. 자료는 '미국어 자습'이라는 이름으로 1946년 발행된 학습 전단으로, 우리말에 해당하는 영어 단어를 정리해놓았다. 전단 제일 위에 적힌 '조선 독립 만세'라는 문구로 해방 직후 자료임을 알 수 있다. 이 전단에서 한 가지 눈에 띄는 것은 '쌀'에 해당하는 영어 단어의 발음을 한글로 표기할 때 지석영의 《아학편》처럼 '으라이쓰'라고 하지 않고, '롸이쓰'라고 적고 있다는 점이다. (박건호 소장)

미군정기에 영어 공용화와 함께 처음으로 중학교 교육과정에서 영어 교육이 시작되었다. 사진은 1945년 10월 어느 중학교의 영어 수업 장면이다. (출처: 국사편찬위원회)

정읍 청년 김남두가 고향에 보낸 엽서

오시오,
경성자동차학교로!

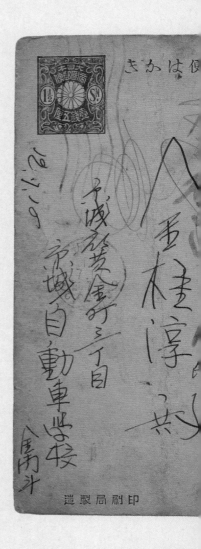

정읍 청년 김남두가 고향에 보낸 엽서
1923년, 9.0×14.0cm, 박건호 소장.

경성자동차학교에 다니던 김남두(金南斗)가 고향에 있는 김계순(金桂淳)에게 보낸 엽서이다. 뒷면에 "한강을 서너 차례 갔다 차마 그리 못하고 돌아와 눈물로 면(面, 얼굴)을 가려 인형(仁兄)께 내 수명을 부탁하오니"라고 자신의 절박한 심정을 쓴 대목이 보인다. 인기 직업이던 자동차 운전사를 꿈꾸는 김남두에게 무슨 일이 있었던 것일까?

향(向) 相別之後로 消息이 久阻하니 戀精을 不(?)傳하옵

其外 數次 安否書 上하니 답장이 업사오니 他處하였

一 回可 數月 夏候極烈하니

其間 氣體安寧하옵심 切望하오며 年...

某付이 給事하니 私年에 就하나이

若 做前依舊하시니 私年에 金某年 卒業을

動車學校에 入學하여 金某가 다 卒業을

個月 食代 얼마를 주고 있다하니

그사이 얼마나 心고를 顏面을 주고 있으나

食代도 사람의 主人에게 每番 學校外 引겨

食代가 얼마나 얼마를 얼마를

가시면서 漢江에 二三次를 가시가 얼마가

못했다 얼마外 卒業을 얼마가 사가 얼마가

얼마에 壽貞 얼마로 ...심 얼마 얼마

업시外 食代도 女人에게 주었으나 心심하나

刑시外 ...시하심 卒業 位在

...가 ...이 党에 求하였...

車慶에 ... 求 얼마 七月 二十五일 내로

업시 通廳之 党 試驗 보고 ...

...附 하外 주시면 党 詳을 以 ... 하옵심 願

...하시... ...외 ...니 ... 改 ...

이 차는 30마력의 증기차이다. 대로변을 지나다가 이 차를 처음 본 한국인들은 혼비백산해서 사방으로 흩어졌고, 심지어 들고 있던 짐도 내팽개친 채 숨어버렸다. 어떤 사람들은 이 새로운 괴물로부터 자신을 지켜달라고 간절히 기도하기도 했다. 짐을 싣고 가던 소와 말도 주인들만큼이나 놀라 주위의 상점이나 가정집으로 뛰어들었다.

영국 화보잡지《그래픽(Graphic)》1909년 2월 20일자에 실린 삽화 〈고요한 아침의 나라에 나타난 자동차〉의 설명글이다. '서양에서 온 새로운 귀신, 한국의 수도에 첫 출현하다'라는 부제가 붙어 있는 이 그림은 당시《대한매일신보》의 발행인이자 편집자였던 알프레드 만함(Alfred W. Marnham)이《그래픽》에 기고한 사진을 바탕으로 찰스 크롬비에(Charles Crombie)가 익살스럽게 그린 것이다. 조선과 자동차의 첫 만남은 이렇게 요란스러웠다.

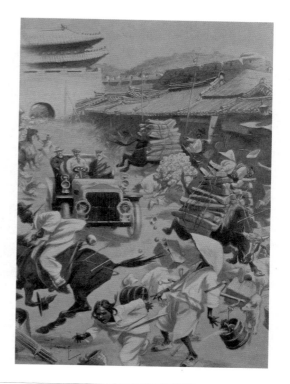

고요한 아침의 나라에 나타난 자동차 영국 화보잡지《그래픽》 1909년 2월 20일자에 실린 그림으로, 조선 사람들이 자동차라는 괴물을 처음 본 모습을 그렸다. 그야말로 혼비백산이다. (출처: 국립중앙박물관)

이런 요란한 만남이 있은 이후 1915년 최초의 조선인 운전사가 탄생한다. '윤권'이라는 사람이 의친왕 이강의 차인 미국제 '오버랜드'를 운전함으로써 조선인 운전사 1호 타이틀을 얻게 된 것이다. 경성에 있던 이탈리아 영사관에서 마부로 일하던 윤권은 마침 그곳에 있던 자동차를 보고 독학으로 운전을 배웠는데, 그 기술로 의친왕의 운전사로 고용되었던 것이다. 왕실에서는 윤권에게 고등

초창기 운전사의 모습 자동차를 타고 있는 (뒷줄 오른쪽부터) 영친왕과 다케히토왕, 이토 히로부미. 1900년대에 촬영된 사진으로, 초창기 운전사의 모습을 볼 수 있다. (국립고 궁박물관 소장)

관 임명장과 금테를 두른 운전복을 내려주었다. 윤권은 운전복을 갖춰 입고서 고등관 행세를 했는데, 일개 마부가 고등관이 되었다는 소식이 경성 안에 퍼지면서 '출세하려면 운전사가 되라'는 말까지 생겨났다. 운전사는 요즘으로 치면 비행기 조종사 정도로 인식되었을 것이다.

몇 년 전 일제강점기 때 엽서 한 장을 경매로 수집했다. '경성 황금정 3정목 경성자동차학교 김남두'가 '전북 정읍역전 연지리 김계순' 앞으로 보낸 엽서다. 엽서를 보낸 날짜는 1923년 7월 16일이었다. 내가 이 엽서에 관심을 가진 이유는 '경성자동차학교' 때문이었다. 게다가 김남두가 서너 차례 한강에 갔다가 "차마 그리 못하고" 돌아왔다는 대목도 호기심을 자극했다. 김남두는 무슨 일로 그렇게 여러 번 한강에 갔을까?

엽서 뒷면을 빼곡히 채운 내용만으로 상황을 다 알 수는 없지만, 당시 자동차학교에서 공부하던 한 청년의 생활을 일부나마 엿볼 수 있다는 점에서 퍽 흥미로운 자료였다. 그럼 지금부터 이 엽서 속 김남두를 만나보자. 그리고 1920년대 자동차가 가져온 시대 변화도 살펴보자.

오시오, 경성자동차학교로!

1920년대 초 식민지 조선, 자동차가 새로운 시대의 총아로 부상하면서 점차 보급이 늘어나자 운전사도 그만큼 필요했다. 이 무렵 경성에 운전사를 양성하기 위한 자동차강습소가 생겼다. 1919년 10월 15일 경성 황금정 3정목(지금의 서울 을지로 근처)에 최초의 관인 자동차강습소인 경성자동차강습소가 문을 열었다. 이곳에서는 16세 이상의 학생을 대상으로 2개월간 교육이 이루어졌는데, 1개월은 실습, 1개월은 이론 교육을 시행했다. 이 강습소의 주소는 앞에 소개한 김남두의 엽서에 적힌 주소와 일치한다.

조선 최초의 여성 운전사 최인선 1919년 전주 출신의 최인선이 23세의 나이로 면허를 얻어 조선 최초의 여성 운전사가 되었다. 《매일신보》는 1919년 12월 6일자 기사에서 조선에서 여성 운전사는 '여자계의 신기록'이라며 여성 운전사의 탄생을 보도했다.

이 강습소의 설립을 코앞에 두고 1919년 10월 4일자 《매일신보》에는 경성자동차강습소 개설을 알리는 기사가 실렸는데, 기사라기보다는 광고에 가까운 글이었다. "10월 15일 개시, 112원을 납부하면 누구라도 입학할 수 있소"로 시작되는 이 기사는 학비나 수업 개시일 외에도 수업 기간, 교과 구성, 강습소 졸업 후의 진로까지 자세히 설명했다.

이렇게 시대는 변하고 있었다. 마차와 소달구지를 대신하여 곧 자동차가 도로를 달리는 시대가 될 것이었다. 1920년 6월 5일자

《동아일보》에 실린 광고의 표현대로 '전국에 온통 자동차계가 졸음을 깰 만한 형세로 날로 달로 발전해'갈 것이었고, 이에 '장래 자동차계에 웅비'하고자 했던 많은 식민지 조선의 청년이 그 꿈을 이루는 대열에 합류했다. 여기에는 남자들만 아니라 여성들도 끼어 있었다. 1919년 전주 출신의 최인선이 23세의 나이로 면허를 얻어 조선 최초의 여성 운전사가 되었고, 1920년에 인천 출신의 이경화가 평양자동차상회에서 여자 운전사로 활약하며 큰 화제를 불러일으켰다. 운전사가 되어 출세하겠다는 식민지 조선의 청년들의 열기는 뜨거웠다. 《동아일보》 1920년 4월 24일자에는 경성자동차강습소의 확장 소식이 실렸다. 이 기사를 요약하면 그동안 경성자동차강습소에서는 입학 희망 학생들을 전부 수용치 못하고 다수를 사절할 수밖에 없었으나, 5월 신학기부터는 연습용 차량을 늘리고 건물도 확장해 입학 희망자를 최대한 수용할 계획이라는 것이다. 경성자동차강습소는 문을 연 지 반년 만에 확장을 해야 할 정도로 성황이었다.

김남두가 정읍에서 상경하여 경성자동차강습소에 입학하게 된 것은 자동차 운전을 배우려는 이런 뜨거운 열기가 배경이 되었을 것이다. 이제 어엿한 경성자동차강습소 학생이 된 김남두가 1923년 7월 고향의 김계순에게 보낸 엽서는 어떤 내용이었을까? 엽서 내용을 바탕으로 개연성 있는 추리와 약간의 상상력을 가미하여 김남두가 이 엽서를 쓰게 된 사정을 재구성해보겠다.

정읍 청년, 자동차강습소에 들어가다

전라도 정읍 청년 김남두가 경성에 도착한 것은 1923년 5월 말이었다. 그때만 해도 김남두의 포부는 대단했다. 그는 조선 최고의 운전사가 되어 출세하겠다는 꿈을 이루기 위해 만류하는 부모를 뿌리치고 거의 가출하다시피 경성에 왔다. 그런데 문제는 돈이었다. 두 달 과정을 마치는 데 드는 학비는 1919년 개소 당시보다 20원이 오른 132원이었다. 당시 경성에서 쌀 한 말 값이 3~4원 정도, 한 달 하숙비가 15원 정도였으니, 맨몸으로 상경한 청년이 감당하기에는 무척 비싼 것이었다. 게다가 경성자동차강습소가 문을 연 후 점점 더 많은 학생이 몰리면서 교육 여건도 좋은 편이 아니었다. 한 반에 40명을 몰아넣고 가르치는 바람에 1인당 차량 실습 시간은 하루에 고작 10분에 불과했다. 그런데도 학비가 132원이라니 요즘 말로 가성비가 무척 떨어지는 것이었다. 풍족하지 못했던 김남두의 부모가 경성행을 만류한 것도 비싼 학비 때문이었다. 이리저리 변통해서 학비와 첫 달 하숙비는 챙겨 왔는데, 역시 우려했던 대로 정읍의 부모가 나머지 한 달 하숙비를 보내지 못하는 바람에 김남두는 객지에서 참으로 난감한 지경에 처했다.

하숙집 주인에게 사정하는 것도 한두 번, 벌써 7월 중순이 다 되어가고 있었다. 그렇다고 한 달이나 공부한 마당에 강습소를 그만둘 수도 없는 노릇이었다. 하숙집 주인도 마냥 기다릴 수가 없었던지 아예 대놓고 밥을 더는 못 주겠다고 화를 내고, 당장 하숙집에

최초의 택시, '경성탁시' 1919년 말 일본인 노무라 겐조(野村賢三)가 일본에서 크라이슬러 닷지 차량 두 대를 들여와 택시사업을 시작했다. 당시 요금은 시간당으로 계산했는데, 경성 시내를 한 바퀴 도는 데 3원이었다. (출처: 사이버자동차산업관)

서 나가라고 소리를 질렀다. 이런 정도의 수모는 그래도 참을 만했다. 급기야 며칠 전부터는 하숙집 주인이 매일 강습소로 찾아와 공개적으로 모욕을 주고, 행패를 부리기 시작했다. 며칠 고민하던 끝에 김남두는 죽는 게 낫겠다 각오하고 한강을 찾았다. 굶주린 배와 상처 난 마음을 위로해줄 이 하나 없는 경성에서 이 모든 것을 혼자서 감당하기 힘들었다.

　일렁이는 물결! 여름이니 강물이 그리 차지는 않을 것이다. 그러나 김남두는 차마 뛰어들지 못한다. 공개적으로 수모를 당한 것도 못 견딜 일이지만 그 때문에 스스로 목숨을 끊는 것은 더더욱 자존심이 상하는 일이었다. 한강 변에서 펑펑 울다 부은 눈으로 하숙집으로 돌아오기를 몇 차례 반복하다 김남두는 결심했다. 정읍의 고향 선배 김계순에게 마지막으로 도와달라고 통사정을 해보기로 했다. 김계순은 김남두가 친하게 따랐던 형으로 경성자동차강습소를 알려준 것도 그였다. 식비는 경성에서 새로 알게 된 친구들에게 이리저리 빌려볼 요량이고, 정읍에 내려갈 여비만이라도 부쳐달라고 빌어볼 참이었다. 김남두는 눈물을 닦고 엽서를 써 내려갔다.

일차 상별 이후로 소식이 구조(久阻. 오래 막힘)하여 정의(情誼)가 박약하와 …… 극염(極炎)에 그동안 잘 지내시는지요? 저는 자동차학교 입학 후 〔집에서〕 금전을 불송(不送)하야 1개월 식비를 주지 못하고 졸업은 맞게 되었으나 주인이 매일 학교까지 와서 식비 달라 함으로 안면을 들고 다닐 수가 없어 한강을 서너 차례 갔다 차마 그리 못하고 돌아와 눈물로 면(面. 얼굴)을 가려 인형(仁兄)께 내 수명을 부탁하오니 심량(心諒)하시고 심량하시와 식비는 우인(友人)에게 빌리고 졸업 후 전북 도청으로 면허시험을 보고자 하노니 차비 5량〔50전〕만 구변하여 7월 25일 내로 송부하여 주시면 면허를 마쳐 형님의 은혜를 갚겠사오니 동생을 구원하여주시기를 거저 바라나이다. 차비만 부송하시면 즉시 내려가겠습니다.

이 엽서에는 당시 김남두의 절박한 심정이 잘 드러나 있다. 목숨을 끊으려고 한강을 서너 차례 갔다는 것도 그렇고, 김계순에게 "수명을 부탁"한다느니, "구원", "은혜" 등의 표현을 사용하여 마치 자신의 생사여탈권을 쥐고 있는 절대적 인물로 그를 대하고 있다. 얼마나 절박했으면 "심량하시고 심량하시와"라고 거듭해서 요청했을까? ('심량'은 '사정 따위를 깊이 헤아려 살핀다'는 뜻으로, 한자로 '深諒'이라고 쓰는데, 김남두는 '心諒'으로 잘못 썼다.)

김남두가 엽서를 보낸 김계순은 문맥상 친형으로 보이지는 않는다. 이름에 김남두와 같은 돌림자가 없는 것도 그렇고, '인형(仁兄)'이란 표현을 봐도 그렇다. 보통 '인형'은 편지글에서 친구 사이에 상대편을 높여 부를 때 쓰는 말이다. 엽서에서 김계순을 형님, 자신을 동생이라고 표현한 것으로 보아 친한 고향 선후배 사이인 것 같다.

그런데 이런 절박한 상황인데도 김남두가 고향의 부모에게 먼저 편지를 보내 도움을 청하지 않은 이유는 뭘까? 집이 너무 가난해서 더는 부모한테 손을 벌릴 수 없는 처지였거나 아니면 부모의 만류에도 불구하고 상경한 터라 차마 말을 꺼낼 엄두가 나지 않았을 수도 있다. 멋진 운전사의 옷을 차려입은 자신의 모습을 꿈꾸었을 정읍 청년 김남두는 이 엽서를 보낸 이후 무사히 고향에 내려갔을까? 또 내려가서 시험에 합격해 운전면허증을 당당하게 땄을까? 엽서 이후의 이야기에 대해 우리가 알 수는 없지만, 여기에서 놓치지 말아야 할 것은 김남두가 고학하며 흘린 눈물보다 더한 눈물을 흘릴 사람들이 줄지어 기다리고 있었다는 사실이다.

자동차로 직격탄 맞은 인력거

김남두가 전북 도청에서 실시한 면허시험에 합격해 면허증을 땄다면 그는 대중이 부러워하는 자동차 운전사가 되었을 것이다. 어쩌면 경제적으로도 윤택해져 중산층 이상의 삶을 살았을지도 모른다. 한강에서 눈물 흘리던 일도 한때의 추억으로 남았을 것이다. 앞에서 말했듯이 당시 운전사는 출세한 직업이었다. 그런데 양지가 있으면 음지도 있는 법! 김남두의 눈물이 새롭게 도래할 자동차시대를 준비하는 눈물이었다면, 다른 한쪽에서는 자동차 때문에 졸지에 일자리를 잃게 된 사람들의 눈물도 있었다. 바로 인력거를 끄는 '인력거부(人力車夫)' 또는 '인력거꾼'이었다. 인력거는 1894년 일본인 하나야마(花山)가 일본에서 열 대를 수입해서 경성에서 영업을 시작한 이후 한동안 중요한 도시 대중교통수단이었다. 경성에서는 1899년 전차가 개통되면서 그 역할이 일부 나뉘기는 했으나 교통수단으로서의 지위는 꽤나 든든했다. 1920년 기준으로 보자면 경성의 전차 노선이 서대문 - 청량리, 종로 - 남대문 - 동자동, 종로 - 동대문 노선뿐이었으니, 인력거꾼의 영업 공간은 충분한 편이었다. 게다가 기생처럼 전차를 타지 않고 인력거만 이용하는 단골손님도 있었고, 용무가 급한 사람들은 전차보다 인력거를 선호했다. 그러나 자동차가 등장하면서 인력거는 한순간에 구시대의 낡은 유물로 전락하고 말았다. 자동차는 인력거와 많은 부분에서 이익 영역이 겹쳤기 때문이다.

손님을 싣고 가는 인력거꾼 1910~1920년대 촬영된 사진으로, 인력거에 느긋하게 앉아 있는 손님과 저고리 앞섶을 풀어헤치고 바짓단까지 걷어붙인 인력거꾼의 모습이 대조적이다. 인력거꾼의 옷차림에서 그의 고된 노동을 짐작하게 된다. 한국에서 인력거는 1890년대 처음 등장해 해방 직후에 거의 자취를 감춘다. (미국 의회도서관 소장)

자동차와 경쟁관계에 돌입한 인력거꾼들의 경제적 처지는 어땠을까? 자동차와 본격적인 경쟁이 시작된 1920년대 인력거꾼의 수입을 따져보자.

현진건의 소설《운수 좋은 날》에는 주인공인 인력거꾼 김 첨지가 친구 치삼에게 하루에 3원을 벌었다고 자랑하는 대목이 나온다. 그러나 그날 실제 김 첨지가 번 돈은 정확히 2원 90전이었다.

몇 년 전 한 신문 기사에서 김 첨지가 번 돈의 가치를 따져서 그 당시 인력거꾼의 처지를 소개한 적이 있다. (〈소설 '운수 좋은 날' 인력거꾼 김 첨지는 한 달에 얼마나 벌었을까?〉,《동아일보》, 2017년 12월 13일자). 신문 기사에서는 소설이 발표된 1924년을 기준으로 돈의 가치를 환산했는데, 당시 쌀 한 되는 33.3전, 한 말은 3원 33전이었다. 그러니까 김 첨지가 번 2원 90전으로는 쌀 한 말도 살 수가 없었다. 지금의 쌀값을 기준으로 2만 5,000원 정도를 번 셈이다. 이 정도 번 것을 가지고 '운수 좋은 날'이라고 할 정도로 수입이 좋았다고 본다면, 평소 하루 수입은 이보다 훨씬 못했을 것이다. 조선총독부의 통계에 따르면 1925년 인력거꾼의 한 달 평균수입이 30원 정도였다. 한 달 내내 하루도 쉼 없이 일했다고 가정했을 때 하루에 1원을 번 것이다. 그런데 소설 속 김 첨지가 하루에 3원을 벌었으니 그날은 정말로 '운수 좋은 날'이었다. 인력거꾼의 한 달 평균수입 30원은 조선총독부가 빈민을 나누는 기준 소득 30원과 같은 액수이다. 인력거꾼의 처지가 그만큼 열악했음을 보여주고 있다.

그런데 문제는 현재의 수입이나 경제적 처지만이 아니었다. 이 수입이 늘거나 유지되는 것이 아니라 점차 줄어들 수밖에 없다는 사실이었다. 이미 교통수단의 교체라는 거대한 변화가 몰려오고 있었고, 이를 쉽게 거스를 수도 없었기 때문이다. 다가오는 미래는 과거를 배려할 마음이 결코 없었다.《운수 좋은 날》이 발표되고 2년 뒤인 1926년 아사히 택시회사가 일본에서 들여온 미터기를 택시에 달고 영업을 시작했다. 이때부터 운행 거리만큼 요금을 매기

미터기 택시 영업 허가 1925년 6월 24일자 《시대일보》는 미터기를 단 택시의 영업을 곧 허가할 것이라는 소식을 전하면서 경성 시가에서 이런 택시가 영업을 하면 인력거꾼 에게 큰 타격이 있을 것이라고 보도했다.

는 방식이 본격화되었다. 물론 1919년에 이미 경성택시회사가 설립되어 택시 영업이 시작되었으나 당시에는 미터기 없이 시간당 대절하는 방식이었다. 당시 시간당 대절 비용은 6원이었고, 경성 시내를 한 바퀴 도는 데 3원을 받았으니, 택시비가 너무 비싸서 극소수의 사람만 이용할 뿐이었다. 택시 이용 요금이 이 정도로 비쌌다면 요금이 싼 인력거가 밀려나지 않고 어느 정도 경쟁력을 유지할 수 있었을 것이다. 그러나 미터기를 단 택시가 영업을 시작한 1926년부터는 상황이 심상치 않았다. 이 해는 대중 운송의 역사에서 매우 중요한 해로 기록될 것이다. 이제 인력거가 사활을 걸고 택시와 경쟁해야 할 판이었다.

미터기를 단 택시의 등장으로 생존권을 위협받게 된 인력거꾼들은 결국 집단적으로 저항했다. 이들의 저항은 경성을 시작으로 전국 곳곳으로 번져나갔다. 《시대일보》 1926년 5월 29일자는 엽서의 주인공 김남두의 고향 정읍에서 일어난 인력거꾼의 파업 소식을 전했다.

> 전북 정읍 인력거친목회에서는 지난 24일에 긴급회의를 연 후 그날 오후 일곱 시부터 대총조(大塚組) 인력거꾼 30명이 돌연 이 동맹파업을 단행하였다는데. …… 수월 전부터는 정읍 읍내로부터 역전까지 매일 기차 도착할 때 …… 자동차가 다니기 시작한 이후로는 승객이 전혀 없어 〔수입이〕 하루에 담배 8갑도 못 됨으로 〔사납금〕 50전을 30전으로 감(減)해달라고 누차 교섭하였으나 절대로 거절할 뿐 〔아니라〕 외려 폭언을 발함으로 그와 같이 동맹 파업을 한 것이라고.

만약 정읍 청년 김남두가 면허증을 따서 정읍에서 운전사로 일했다면, 역전에서 인력거꾼들과 치열한 손님 쟁탈전을 벌였을 것이다. 김남두는 인력거꾼들의 파업을 어떤 심정으로 보았을까? 자신의 장래에 영향을 미칠지도 모를 소란쯤으로 여겼을까? 아니면 한강에서 눈물 흘리던 옛날을 생각하면서 깊은 연민을 느꼈을까?

누구도 시대의 변화를 막을 수는 없었다. 인력거는 자동차로 대체될 수밖에 없는 운명이었다. 1920년대 후반이 되면 인력거꾼의 어려운 처지를 보도하는 신문 기사가 줄을 잇는다. 1928년 3월 4일 자 《조선신문》에는 이런 기사가 실렸다.

> 탁시-에 타격받은 수천 인력거꾼의 슬픈 처지.
> 최근의 경성 시내에는 각처에 값싸고 신속한 탁시-회사가 생기어, 시내에는 어데를 가든지 '일원 균일(一圓 均一)'이라는 표어 아래, 날로 그 세력이 번창하여…….

이 신문은 9개월 뒤인 12월 18일자에서 다시 '탁시-시대에 타격받은 인력거꾼의 비애(悲哀)'라는 제목의 기사를 내보냈다. 그러나 이것이 끝이 아니었다. 1930년대를 맞는 첫해, 식민지 조선에서는 기존 1원 택시보다 훨씬 저렴한 반원(半圓, 50전) 택시의 등장을 앞두고 술렁이고 있었다. 1920년대 당시 인력거 요금은 대략 5정보(약 500미터)에 15전, 장거리는 10리(약 4킬로미터)에 60전 정도였다. 이런 상황에서 50전짜리 택시 요금의 출현은 인력거에 대한 사망 선고나 다름없었다. 1930년 8월 1일자 《매일신보》에는 '부내(府內) 자동차 교통계에 대혼란시대가 올 듯. 반원 택시의 출원으로 불안 중에 있는 인력거부들'이라는 제목의 기사가 실렸다.

인력거꾼의 비극은 수입 감소로만 끝나지 않았다. 인력거꾼은 도로 위에서 자동차와 가격 경쟁뿐 아니라 생명을 위협하는 빈번한 교통사고와도 맞서야 했다. 1920년대 중반 이후 신문에는 교통사고로 죽거나 중상을 입은 인력거꾼의 이야기가 하루가 멀다 하고 실렸다. 이런 의미에서 '폭풍 전야'였던 1920년대 전반을 배경으로 한《운수 좋은 날》은 인력거와 인력거꾼에게 바치는 마지막 조사(弔辭)였는지도 모른다.

1936년 베를린 올림픽 당시 손기정 사인

나는 '기테이 손'이
아니라 손기정이다

1936년 베를린 올림픽 당시 손기정 사인
1936년, 10.0×3.5cm, 박건호 소장.

베를린 올림픽 마라톤 우승 직후의 손기
정 사인이다. 사인지 앞면(위)에 손기정의
한글 이름('손긔정')과 영어 이름('Kichung
Son')이 적혀 있다. 이름 밑에는 'KOREAN'
이라고 썼다. '고개 숙인 챔피언' 손기정은
이 작은 종이에 자신의 심정을 어떻게 담아
냈을까?

(1) marathon (2.29.19)
Kichung Son
손 기 정
KOREAN   12.8-1936

KICHUNG SON

MARATHON WINNER
1936 OLYMPICS   44

1992년 8월 9일, 바르셀로나 올림픽 남자 마라톤 결승전이 열리고 있었다. 한국의 황영조 선수는 40킬로미터까지 일본의 기대주 모리시타 고이치 선수와 선두를 다투고 있었다. 그러다 마지막 2킬로미터 정도를 남기고 황영조는 회심의 승부수를 던졌다. 몬주익 언덕, 급경사였다. 황영조는 언덕길을 힘차게 뛰어오르기 시작했고, 지친 표정이 역력한 모리시타는 황영조를 따라잡지 못하고 점점 뒤처졌다. 드디어 황영조가 몬주익 스타디움에 들어서자 8만 명의 관중은 일어나서 스물두 살의 젊은 마라톤 챔피언에게 아낌없는 박수를 보냈다. 황영조는 두 팔을 흔들어 관중의 환호에 답했다. 2시간 13분 23초! 2위 모리시타보다 22초 빠른 기록이었다. 대한민국 정부가 수립된 이후 최초로 마라톤에서 금메달을 딴 순간이었다.

　곧이어 열린 몬주익 스타디움 시상식에서 〈애국가〉가 울려 퍼

올림픽 마라톤 제패 기념우표 1992년 체신부(오늘날 정보통신부의 전신)는 1936년 베를린 올림픽과 1992년 바르셀로나 올림픽의 마라톤 제패를 기리는 기념우표 2종을 동시에 발행해 손기정에 대한 경의를 표했다. (박건호 소장)

졌다. 시상식이 끝나자 황영조는 스탠드로 달려갔다. 그곳에는 이미 백발이 된 비운의 마라토너 손기정이 있었다. 황영조는 자신의 금메달을 손기정에게 걸어주고 서로 포옹했다. 한참 동안 말을 잇지 못하고 눈물만 흘리던 손기정이 황영조에게 나직이 말했다. "고맙다. 수고했다."

베를린 올림픽과 손기정

1936년 베를린 올림픽 마라톤 결승전이 열린 날도 8월 9일이었다. 스물네 살의 손기정은 같은 조선인 남승룡, 일본인 시오아쿠와 함께 일본 대표로 올림픽에 출전했다. 일제강점기 나라 잃은 백성이라 어쩔 수 없는 일이었다. 그나마 선수단에 조선인이 두 명이나 낀 것이 위안이라면 위안이었다. 그러나 일본은 이 때문에 몹시 자존심이 상했던 모양이다. 그들은 선수단 구성을 바꾸기 위해 궁리를 거듭한 끝에 올림픽 경기 직전에 선수를 바꿀 묘책을 내놓았다. 올림픽 대표선수 선발전에서 우승한 1, 2, 3위 선수만이 아니라 4위를 차지한 시오아쿠 선수까지 대표단에 포함해 베를린에 가서 최종 선발전을 한 번 더 한다는 것이었다. 본경기를 보름 정도 남겨두고 최종 선발전이라니……. 속이 빤히 보이는 아주 치졸한 계획이었다. 그런데 베를린에서 열린 두 번째 최종 선발전에서 재미있는 일이 벌어졌다. 앞서 대표선수로 뽑혔던 일본인 스즈키 선수가 컨디션 난조로 레이스를 포기하는 바람에 최종 출전 선수는 손기정, 남승룡, 시오아쿠로 확정되었다. 결과적으로 손기정과 남승룡은 그대로인 채 일본인 선수만 바뀐 코미디 같은 상황이 연출된 것이다.

이런 순탄치 않은 과정 끝에 올림픽에 출전한 손기정은 비장한 각오로 레이스를 시작했다. 마라톤 코스는 하벨강을 끼고 달리다가 직선 주로인 자동차 전용 도로 아부스(AVUS)로 이어졌다. 반환

반환점을 도는 손기정 우여곡절을 겪으며 올림픽 마라톤에 출전한 손기정은 반환점 (Wendepunkt)을 돌 때까지는 영국 선수 하퍼와 2~3위를 다투었다. (출처: 슈피겔)

점을 돌 때까지는 영국의 하퍼와 2~3위를 다투었다. 1위는 4년 전 로스앤젤레스 올림픽 금메달리스트였던 아르헨티나의 사발라로, 손기정보다 몇 분 차로 앞서고 있었다.

반환점을 돌 무렵, 선배 권태하가 손기정에게 벼락 같은 고함을 질렀다.

"기정아! 4분 전에 사발라가 달아났어. 비스마르크 언덕에서 그 놈을 잡아야 돼."

권태하는 차가운 물 한 바가지를 손기정에게 퍼붓고는 이내 시야에서 사라졌다. 그의 말대로 손기정은 비스마르크 언덕에서 사발라를 제치고 선두에 나섰다. 이후 사발라는 컨디션 난조로 31킬로미터 지점에서 레이스를 포기했다. 손기정은 뒤쫓아 오는 하퍼와 마지막 레이스를 벌이게 된다. 막판에 죽을 힘을 다해 하퍼마저 멀찌감치 따돌리고 올림픽 스타디움에 들어섰다. 12만 명의 관중이 일제히 일어서서 동양에서 온 무명의 마라토너에게 박수와 환호를 보냈다. 마라톤 중계방송을 하던 독일 아나운서도 흥분한 목소리로 외쳤다. 그는 특이하게도 손기정이 '한국인'이라는 사실을 알고 있었다.

> 한국 학생(Koreanischer Student)이 세계의 건각들을 가볍게 물리쳤습니다. 이 한국인(Der Koreaner)은 아시아의 힘과 에너지로 뛰었습니다. 타는 듯한 태양의 열기를 뚫고, 거리의 딱딱한 돌 위를 달렸습니다. 그가 이제 트랙의 마지막 직선 코스를 달리고 있습니다. 우승자 '손'이 막 결승선을 통과하고 있습니다.
>
> – 독일역사박물관(DHM) 독일방송기록보관실(DRA) 자료

손기정은 결승선을 앞두고 라스트스퍼트를 하여 마지막 100미터를 13초로 달려 우승했다. 42킬로미터를 넘게 달리고도 그 당시 단거리 선수의 기록에 육박하는 초인적인 속도로 레이스를 마무리한 것이었다. 최종 기록은 2시간 29분 19초! 당시 올림픽 최고 기록이자 2시간 30분의 벽을 최초로 깬 쾌거였으며, 동양인 최초의

마라톤 우승이었다. 그 뒤를 이어 하퍼가 2시간 31분 23초로 2위, 남승룡이 2시간 31분 42초로 3위를 차지했다.

나는 '기테이 손'이 아니라 '손긔정'이다

마라톤에서 우승을 하고도 손기정은 마냥 기뻐할 수 없었다. 가슴에 달린 일장기(히노마루) 때문이었다. 조선의 동포들이 일장기를 달고 금메달을 받는 자신의 사진을 본다면 얼마나 슬플 것인가? 그는 금메달을 따고서도 기뻐할 수 없는 초라한 식민지인이었다. 그는 〈기미가요〉가 연주되고 일장기가 게양될 때 고개를 숙인 채 금메달리스트에게 수여된 월계수 화분으로 가슴에 단 일장기를 가렸다. 남승룡 역시 고개를 숙였다. 남승룡은 뭐라도 가릴 것이 있는 손기정이 부러웠을 것이다. 우승의 기쁨은커녕 한없이 슬픈 표정으로 고개 숙인 우승자들! 세상에 이렇게 슬픈 메달리스트들이 어디 있단 말인가? 당시 손기정의 심정은 그의 회고록(《나의 조국 나의 마라톤》, 학마을B&M, 2012)에 잘 나타나 있다.

보기도 싫은 일장기를 가슴에 달고 영광의 1착 테이프를 끊고 시상대에 섰을 때, 우리는 〈애국가〉가 연주되지 않고 일본 국가가 연주되는 가운데 월계관을 쓰게 되니 나도 모르는 사이에 눈물이 마구 쏟아져 앞이 보이지 않았다.

고개 숙인 챔피언 마라톤 우승 후 시상대에 오른 손기정과 남승룡의 모습. 손기정은 월계수 화분으로 가슴의 일장기를 가렸지만, 남승룡은 가릴 게 없어 고개를 숙인 채 서 있다. (출처: 슈피겔)

이런 그의 심정은 시상식 후 《조선일보》 김동진 기자와 가진 인터뷰에서도 마찬가지였다. 기자는 손기정에게 축하의 말을 전하며 소감을 물었다. 손기정은 기쁨이 아니라 슬픔으로 답했다.

남 형과 내가 이긴 것은 다행이요. 기쁘기도 기쁘나 실상은 웬일인지 이기고 나니 가슴에 북받쳐 오르며 울음만이 나옵니다. 남 형도 역시 나와 같은 모양입니다. 우승했다고 반겨하는 축하하는 말을 들으면 들을수록 눈물만 앞섭니다.

손기정과 남승룡의 마라톤 제패 소식을 들은 조선인들은 열광했다. 사람들은 거리에 쏟아져 나와 만세를 외쳤다. 당시 조선인들의 기쁨과 열광을 심훈은 〈오오, 조선의 남아여!〉(1936)라는 시로 남겼다.

오늘 밤 그대들은 꿈속에서 조국의 전승(戰勝)을 전하고자
마라톤 험한 길을 달리다가 절명한 아테네의 병사를 만나보리라
그보다도 더 용감하였던 선조들의 정령이 가호하였음에
두 용사 서로 껴안고 느껴 느껴 울었으리라.

오오. 나는 외치고 싶다!
마이크를 쥐고 전 세계의 인류를 향해서 외치고 싶다!
"인제도 인제도 너희들은, 우리를 약한 족속이라 부를 터이냐!"

그러나 조선인들이 마냥 기쁘기만 했겠는가? 그들도 손기정과 똑같은 심정이었다. 손기정이 '히노마루'를 가슴에 달고 '기테이손'이라는 이름으로 금메달을 받는 것은 식민지 조선인들의 자존심에 큰 상처를 남겼다. 급기야 조선의 일부 언론은 마라톤 우승 소식을 전하면서 손기정의 가슴에 박혀 있던 일장기를 지워버렸

다. 이 일로 《조선중앙일보》와 《동아일보》는 정간되었다. 이른바 '일장기 말소사건'이다. 또한 《동아일보》의 자매지 《신가정》의 주간이었던 변영로는 논란을 피하기 위해 손기정 선수의 다리 사진만 확대해 '세계를 제압한 두 다리'라는 제목을 붙여 잡지 표지로 삼았으나, 일제는 이마저도 그냥 넘어가지 않았다. 잘라낸 손기정 몸통에 일장기가 있었을 터이니 이것도 일장기 훼손이라는 논리를 내세워 그를 퇴사시켰다.

어쨌든 마라톤 우승 이후 손기정은 베를린 올림픽의 영웅이었다. 가는 곳마다 박수와 환호가 쏟아지고, 사인 요청이 쇄도했다. 손기정은 그때마다 망설임 없이 한글로 '손긔졍'이라고 썼다(한글 맞춤법이 오늘날과 달라서 당시에는 '손기정'을 '손긔졍'으로 표기했다). 그의 올림픽 출전 공식 이름은 일본식으로 표기한 'Kitei Son'(기테이 손)이었고, 독일인들은 그를 그렇게 알고 있었다. 그런데도 그는 항상 한글로 '손긔졍'이라고 사인했다. 그가 한글로 사인하기로 마음먹은 것은 양정고보 선배였던 김은배가 4년 전 로스앤젤레스에서 열린 올림픽에 참가했을 때 현지에서 사인 요청을 받으면 한글로 '김은배'라고 적은 것에 영향을 받은 것이었다. 하지만 그의 이런 행동을 일본 선수단은 곱게 볼 리 없었다. 본부 임원은 한자 대신 한글로 사인하는 이유를 손기정에게 따졌다. 그러자 손기정은 "한문으로 이름을 적어주는 것보다 한글의 글자 획수가 훨씬 적어서 한글로 썼소"라고 대답해 그의 말문을 막아버렸다.

더 놀라운 사실은 손기정이 한글 이름과 함께 그 옆에 영어로

슬푸다!!? 올림픽 마라톤 우승 직후 나주의 친구에게 보낸 엽서만큼 손기정의 심정을 압축해서 극적으로 표현한 것은 없을 것이다. 그는 엽서에 단 세 글자만 적었다. '슬푸다!!?' (출처: 대한체육회, 개인 소장)

'JAPAN' 대신 'KOREA'라고 적었다는 점이다. 자신의 정체성을 '한국인'으로 분명히 밝힌 것이었다. 그는 선수촌 안팎에서 외국인이 '어디서 왔느냐?'고 물으면 꼭 '코리아에서 왔습니다'라고 대답했다. 그리고 올림픽 마라톤 우승 후 금메달리스트들이 서명한 방명록에도 그는 '손긔정 KOREA'라고 적었다. 손기정의 행동을 주시하고 있던 일본 고등계 형사는 상부에 이렇게 보고했다.

손 선수는 독일에 머무르고 있는 동안 수많은 외국인의 사인 요청에 응하면서 'KOREA 손기정'이라고 적는 등 불온한 움직임이 있었다고 전해지며 당시 두 선수는 일반 조선인의 접근을 쉽게 만들려는 듯 선수 대열의 마지막에 자리 잡으면서 일부 민족주의자의 뜻에 영합하려는 것 같은 행동이 있었다.

손기정은 어찌 보면 위험할 수도 있는 이런 행동으로 금메달 시상식에서 느낀 비애와 울분을 표현하고자 했다. 이것이 식민지배에 대한 손기정 나름의 저항이었다.

손기정의 사인 한 장

나는 손기정의 사인을 한 장 가지고 있다. 마라토너 손기정의 가슴 아픈 이야기를 담고 있는 뜻깊은 사인이라 큰맘 먹고 어렵사리 수집한 것이다. 내가 수집한 이 사인지는 식민지 시기 손기정의 이야기를 담기에는 너무 작다. 고작 가로 10센티미터, 세로 3.5센티미터! 여기에도 손기정의 한글 이름('손긔정')과 영어 이름('Kichung Son')이 적혀 있다. 영어 이름도 'Kitei Son'이라고 쓰지 않았다. 이름 밑에는 'KOREAN'이라고 썼다. 'KOREAN'이라고 쓴 글자가 가장 크다. 손기정이 의도적으로 크게 쓴 것은 아니었을까? 맨 위에는 '(1)marathon(2.29.19)'이라고 썼다. '(1)'은 1등을 했다는 뜻일 테

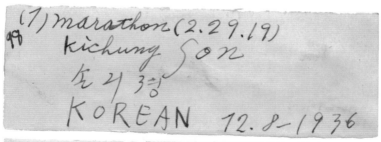

실제 크기의 손기정 사인지 가로 10.0cm, 세로 3.5cm의 이 작은 사인지에 식민지인의 비애가 담겨 있다. (위) 사인지 앞면, (아래) 사인지 뒷면. (박건호 소장)

고, 뒤의 괄호 속 숫자는 우승 당시의 기록을 적은 것으로 보인다. 그리고 오른쪽 맨 아래의 '12. 8-1936'은 사인을 한 날짜일 것이다. 손기정은 이 사인을 경기가 끝난 3일 뒤에 어느 현지인에게 해준 것으로 보인다. 올림픽 마라톤 우승 직후 8월 13일과 15일에 남긴 사인이 지금까지 알려져 있으나, 이 사인은 그보다 빠른 8월 12일자 사인이다. 남아 있는 사인 중에서는 가장 이른 시기의 것이다.

이 사인지의 왼쪽 위쪽에 적힌 숫자 '98'은 무엇을 의미하는지 정확히 알 수 없다. 올림픽 경기 당시 등번호일까? 하지만 그의 등번호는 '382'번이었으니 그건 아니다. 추정컨대 '98'의 글씨체가 손기정의 글씨체와 다른 것으로 보아 사인을 받은 이가 이 사인을 정리하면서 쓴 것으로 짐작된다. 아마 자신의 수집품 중에서 98번째라는 뜻일 것이다. 사인 뒷면에는 "KICHUNG SON. MARATHON WINNER 1936 OLYIMPICS"라고 연필로 쓴 글씨가 보인다. 사인을 받은 이가 쓴 것이다. 그 역시 손기정의 이름을 일본식 이름이 아니라 손기정이 써준 그대로 한글 이름을 영문으로 써놓았다.

이 작은 종이조각에서 우리는 식민지 시기를 살았던 '고개 숙인 챔피언'의 비애를 마주하게 된다. 그리고 그것이 얼마나 크고 무거웠는지 알기에 1992년 황영조가 바르셀로나 올림픽에서 우승했을 때 노쇠한 챔피언이 왜 그렇게 감격스러워했는지, 그리고 1988년 서울 올림픽 개막식 때 성화를 들고 스타디움에 들어서면서 덩실덩실 춤추듯이 뛰었는지 충분히 헤아릴 수 있다. 손기정의 이야기를 알게 된 슈테판 뮐러(Stefan Müller)라는 독일인은 2001년 독일 한국대사관 홈페이지에 이런 글을 남겼다.

…… 태극기조차 가슴에 달 수 없었던 이 나라, 아니 이 민족이 올림픽을 개최한 것이다. 그리고 개막식, 성화를 들고 경기장에 들어선 조그마한 소녀 마라토너의 손에서 성화를 넘겨받은 사람이 바로 그날 몹시도 슬프고 부끄러웠던 마라톤 우승자 '손'[손기정]이었다. 성화를 손에 든 백발이 성성한 이 슬픈 마라토너는 마치 세 살배기 아

1988년 서울 올림픽 개막식에서 성화를 봉송하는 손기정 손기정은 1988년 서울 올림픽 개
막식 성화봉송 주자로 참여했다. 1936년 베를린 올림픽 마라톤 경기에서 우승하고도
고개를 숙여야 했던 이 비운의 마라토너는 성화를 번쩍 들고 성성한 백발을 휘날리며
기쁘게 달렸다. (출처: 손기정기념재단)

이처럼 기뻐하며 달렸다! 연출자의 지시는 없었지만 이 이야기는 이
처럼 기쁘기 그지없는 장면을 연출해냈다.

손기정은 이미 세상을 떠났지만, 이 작은 사인지 한 장에 담긴
이야기는 우리에게 묵직한 울림을 준다. 해마다 8월이 되면 사람

들은 8월 15일 광복절과 8월 29일 경술국치일로 식민지 시기를 기억하지만, 손기정이 베를린 올림픽에서 마라톤을 제패한 8월 9일도 그 속에 있다. 같이 기억하기에 충분히 의미 있는 날이다.

다시 만날 동무들 사진

사진 한 장에
담긴
전쟁과 평화

다시 만날 동무들 사진

1941년, 15.5×11.0cm, 박건호 소장.

아홉 명의 청년이 같이 찍은 기념사진으로,
모두 비장한 표정으로 정면을 응시하고 있
다. 사진 아래에는 '10년 후에 다시 만날
동무'라는 글귀와 '1951. 1. 5.'라고 적혀
있다. 이 날짜는 무엇을 의미하는 것일까?
재회를 약속한 이 청년들은 과연 10년 후
다시 만났을까?

십통합세다시왕낭동무

1951. 1. 5.

2016년 7월쯤 심상치 않은 사진 한 장을 경매 사이트에서 구입했다. 아홉 명의 청년이 같이 찍은 기념사진으로, 뒤에 다섯 명이 서고 앞에 네 명이 앉아 정면을 응시하고 있다. 사진 아래에는 '10년 후에 다시 만날 동무'라는 글귀와 '1951. 1. 5.'라고 날짜가 적혀 있다. 처음에는 '10년 후에 다시 만난 동무'로 읽었는데, 자세히 보니 미래형인 '다시 만날 동무'였다. 경매 사이트에는 이 사진의 앞면만 올라와 있었다. 나는 공개된 사진의 정보만으로 나름대로 이 사진이 들려주는 이야기와 그 가치를 가늠하고자 했다.

1951년 1월 5일이라……. 이날은 어떤 날인가? 1950년 한국전쟁이 일어나고 6개월쯤 지났을 때다. 1950년 9월 15일 인천상륙작전으로 전세를 뒤바꾼 한국군과 유엔군이 38선을 돌파하여 압록강에 도달한 것이 1950년 10월 하순이었다. 그리고 중국군의 개입으로 후퇴! 계속 밀리던 한국군과 유엔군이 다시 서울을 빼앗긴 날이 1951년 1월 4일이다. '1·4후퇴'란 말도 여기서 따온 것이다. 아홉 청년이 비장한 표정으로 사진을 찍은 날이 바로 1월 4일 다음 날이었다는 이야기다.

왜 이런 급박한 상황에서 청년들은 10년 후에 만나자며 기념사진을 찍었을까? 피란길을 떠나면서 이런 비장한 사진을 찍었을 리는 없다. 그렇다면 혹시 1·4후퇴라는 위급한 상황에서 친구들끼리 학도병으로 입대하면서 기념사진을 찍은 것일까? 후자의 가능성이 훨씬 높아 보인다. 전쟁터에 나가는 것은 곧 자신의 생명을 던지는 것이다. 한 치 앞을 내다볼 수 없는 불안감과 두려움 때문에 그들은 서로 위안감과 연대감을 나누며 반드시 다시 만나자고 다짐했을 것이다. 그리하여 그들은 아마도 전쟁이 끝나 있을 10년 뒤 평화로운 세상에서 다시 만날 것을 기약하며 이 사진을 찍었으리라. 여기까지가 내가 이 사진을 처음 보고 내린 결론이었다.

1941년 경성역 대합실

경매에서 낙찰 후 우편으로 받은 이 사진의 뒷면에는 사진과 관련된 또 다른 정보가 담겨 있었다. 먼저 이 청년들의 이름이 하나하나 적혀 있었다. 뒷줄의 청년들은 사진 앞면 왼쪽부터 '정휘진, 오주영, 김국현, 현중건, 이성우'이고, 앞줄의 청년들은 역시 왼쪽부터 '황성환, 이병무, 박병석, 신혁○(마지막 한 글자는 해독 불가)'이다. 사진 뒷면에는 이름 외에도 오른쪽에 흘림체로 '黃色腕章付(황색 완장을 차고)'라고 적혀 있다.

황색 완장이라, 아무리 봐도 보이지 않는다. 청년들의 양팔 어디에도 완장은 없다. 다만 사진에서 양팔이 다 보이지 않는 인물이 있는데, 맨 왼쪽에 서 있는 '정휘진'이다. 그는 비스듬히 서 있어서 왼팔이 전혀 보이지 않는다. 아마도 '정휘진'의 왼팔에 황색 완장이 있었을 것이다. 그렇다면 그가 이 사진의 원래 주인이고, 뒷면의 글씨는 그가 썼을 것이다. 또 완장을 찼다면 그가 이 청년들의 리더일 것이다. 완장은 아무나 차는 것이 아니니까.

'황색 완장을 차고'라는 뜻의 한자 옆으로는 '京城驛 壹貳軍 待合室(경성역 1·2군 대합실)에서'라고 쓰여 있다. 사진을 찍은 장소가 경성역 군인 대합실이란 이야기다. 그런데 오늘날의 서울역이 경성역으로 불린 것은 1923년부터 1947년까지다. 정확히 말하면 1947년 9월에 경성역의 이름이 서울역으로 바뀌었다. 그렇다면 이 사진에 적힌 '경성역'은 무엇인가? 가능성은 두 가지다. 하나는 '서울역'으로 이름이 바뀐 지 몇 년이 지났어도 기존에 경성역이라고 불러온 대로 그냥 쓴 경우이고, 또 하나는 사진에 모든 글자를 한자로 썼으니 서울역도 한자로 경성역으로 썼을 가능성이다. 어쨌든 서울역에서 이 사진을 찍었다는 것인데 1·4후퇴 와중에 이런 사진을 찍는 것이 가능했을까? 1월 4일 북한군이 서울을 장악한 상황인데, 1월 5일 서울역에서? 뭔가 이상하다. 여기에는 놀라운 반전이 있었다.

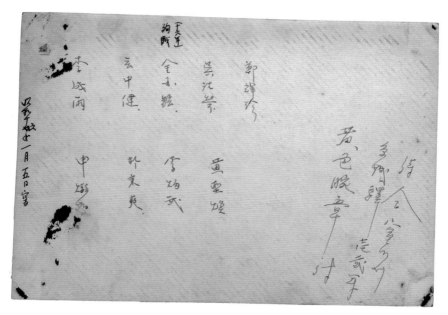

청년들의 이름이 적힌 사진 뒷면 사진 뒷면에 청년들의 이름과 그 밖의 다른 정보들이 적혀 있다. 맨 왼쪽에 세로로 '昭和 十六年 一月 五日 寫(소화 16년 1월 5일 찍음)'이라고 쓴 부분도 보인다.

지금까지 하나하나 쌓아 올린 '사실'의 탑을 한꺼번에 무너뜨릴 내용이 사진의 뒷면 맨 왼쪽에 작은 글씨로 적혀 있었다. 그것은 사진 앞면에 적혀 있는 1951년 1월 5일과는 전혀 다른 또 하나의 시간 정보였다. '昭和 十六年 一月 五日 寫(소화 16년 1월 5일 찍음)'. 서기로 환산하면 1941년 1월 5일에 찍었다는 이야기다. 갑자기 눈에 띈 이 날짜 때문에 내가 상상했던 모든 정황은 정확히 10년 전으로 돌아가버렸다. 즉, 1951년 1·4후퇴 때 학도병으로 입대한 청년들이 10년 뒤를 기약하며 기념사진을 찍은 것이 아니라, 1941년 1월에 10년 뒤인 1951년에 다시 만나자며 경성역 대합실에서 사진을 찍고 한 장씩 나눠 가졌던 것이다. 사진 앞면의 '1951년 1월 5일'은 사진을 찍은 날이 아니라 다시 만날 날을 미리 박아둔 것이다.

이제 이 사진을 둘러싼 이야기는 한국전쟁이 아니라 일제강점기 중일전쟁으로 돌아가야 한다. 그렇다면 1941년 1월 사진 속 청년들은 왜 비장한 표정으로 10년 뒤를 기약했을까? '경성역 1·2군 대합실'이라는 메모에 힌트가 있다. 이들은 출정을 앞두고 사진을 찍었던 것으로 보인다. 1941년 1월이면 중일전쟁이 시작된 지 4년째 되는 해이고, 육군특별지원병제가 1938년부터 시행되었으므로 아마 지원병으로 출전하는 식민지 조선 청년들일 것이다. 해군특별지원병제는 1943년 8월, 학도지원병제는 1943년 10월, 징병제는 1944년부터 시행되었으므로 이들이 1941년 1월에 사진을 찍고 전쟁터에 나갔다면 '육군특별지원병'으로 보는 것이 타당하다. 이 지원병들은 출전을 앞두고 경성역 대합실에 임시로 마련된 사진관에서 사진을 찍은 것으로 보인다. 이 아홉 명은 서로 잘 아는 고향 친구들은 아니었을 것이다. 왜냐하면 친구들끼리 사진을 찍는 데 거기에 자기들을 대표하는 '황색 완장'이 있는 것은 이상하지 않은가? 이 사진은 사적인 친목 목적에서 찍은 것이 아니라 인위적으로 만들어진 조직, 즉 파견되는 지원병 부대의 최소 단위인 분대의 사진이고 그중 황색 완장을 찬 이가 분대장이었을 것이다.

이런 가정하에 이들이 속한 '육군특별지원병'에 대해 잠시 살펴보자. 1937년 중일전쟁이 발발하면서 일제는 '내선일체(內鮮一體)'라는 구호와 함께 민족말살통치를 본격적으로 실시했고, '황국신민의 서사' 암송, 궁성 요배, 신사 참배, 창씨개명 등을 강요했다. 조선인들을 일본인으로 완전히 동화시켜 침략전쟁에 동원하겠다는 의도였다. 일제는 이런 정책의 연장선에서 내지인만으로는 확대되는 전선을 감당할 수 없다는 판단 아래 지원병 형태로 식민지 조선인들을 전쟁에 동원하고자 했다. 이를 위해 조선총독부는 1938년 2월 22일 칙령 제95호로 '육군특별지원병령'을 공포, 같은 해 3월 칙령 제156호로 '조선총독부육군병지원자훈련소 관제'를 제정했다. 당시 총독부가 제시한 지원병 자격 조건은 '만 17세 이상, 키 155센티미터 이상, 소학교 졸업 혹은 그 이상의 학력에 사상이 견고하고 강건하며, 금고 이상의 형을 받지 않은 자로 군대에 들어와도 일가 생계에 지장이 없는 자'로 한정했다.

이 지원병 모집이 알려지자 친일파들은 조선인이 일본인과 똑같이 천황을 위해 총을 들고 싸울 수 있는 기회가 생겼다며 청년들에게 지원병 지원을 독려했다. 그런데 이런 친일파들의 열광은 충분히 예상할 수 있는 것이지만 우리를 당혹스럽게 하는 것은 많은 식민지 조선 청년이 지원병 모집에 호응했다는 사실이다. 조선총독부 자료에 따르면, 1938년에는 400명 모집에 2,900명이 지원하여 경쟁률 7.3 대 1을 기록한 이후 이듬해 1939년에는 600명 모집에 1만 2,300명(20.5 대 1), 1940년 3,000명 모집에 8만 4,400명(28.1 대 1),

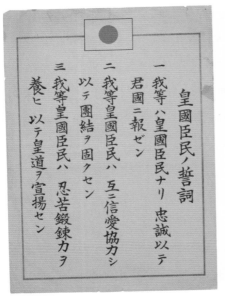

일제가 암송을 강요한 '황국신민의 서사' (박건호 소장)   궁성 요배 홍보 전단 (박건호 소장)

'아침마다 궁성 요배' 일제는 내선일체(內鮮一體)를 내세워 매일 아침 일본 궁성을 향해 허리 숙여 절을 하도록 강요했다. (출처: 위키미디어 커먼스)

1941년 3,000명 모집에 14만 4,700명(48.2 대 1), 1942년 4,500명 모집에 25만 4,300명(56.5 대 1), 1943년 5,330명 모집에 30만 3,400명(56.9 대 1)이 지원하여 경쟁률은 해를 거듭할수록 높아졌다. 한마디로 지원병 지원 열풍이 식민지 조선을 강타한 것이다.

왜 이렇게 많은 청년이 자원입대하려 했을까? 그 이유를 따지기 전에 먼저 당시 사람들이 모두 친일파도 그렇다고 독립운동가도 아니었다는 사실을 기억해야 한다. 오히려 그 중간쯤에 있던 사람이 훨씬 많았으며, 그들 다수는 시국을 때로는 이용하고 때로는 한탄하면서 살았다. 그리고 그 과정에서 적당히 타협하거나 적당히 정의를 지키고자 했을 것이다. 지금이나 그때도 선과 악의 이분법적 잣대로만 세상을 볼 수 없는 측면이 있다. 지원병에 나선 조선 청년들 역시 결코 독립운동가는 아니지만 그렇다고 모두 다 친일파라고 규정하기도 어렵다. 100년 뒤 남북이 통일되었다고 가정해보자. 그때의 후손들이 지금의 우리를 보고, 분단체제에 적당히 적응해 살면서 학교에서 반공 글짓기대회나 반공 웅변대회에 참가하고, 반공 포스터를 그리고, 교련 교육을 받고, 게다가 청년기에 군대에 가서 복무한 것을 열거하면서 우리를 '반통일 세력'이라고 규정한다면 좀 억울하지 않겠는가? 우리들 다수는 적극적으로 통일운동을 하지는 않지만 그렇다고 반통일 세력이라고 매도당할 수는 없지 않겠는가? 그러니 지원병으로 간 식민지 조선의 청년들을 싸잡아 친일파로 규정하는 것은 조심스러울 수밖에 없다.

우리는 지원병들이 왜 그런 선택을 했는지, 개인의 사정을 다 알

조선인 육군특별지원병 훈련소 입소 1938년《동맹뉴스(同盟ニュース)》에 실린 조선인 육군 지원병의 훈련 개시를 알리는 기사. 지원병 훈련소에 입소하는 조선인 지원병들의 모습이다. (출처: 대한민국역사박물관)

수는 없다. 누구는 대일본제국의 영광을 위해서, 누구는 지원병으로 전선을 다녀오면 취직에 유리하다고 생각해서, 누구는 가정 형편이 어려워 생계를 위해 지원했을 것이다. 그리고 친구 따라 강남 가는 식으로 지원한 이도 있을 것이고, 더러는 학교 선생의 설득이나 권유로 지원하거나 마을 이장이나 애국 반장의 권유를 받은 부모의 명으로 군문을 두드린 이도 있을 것이다. 지식인이나 문인 들의 연설이나 논설에 감동받아서 지원한 이는 없었을까? 아주 극소수겠지만 대한민국임시정부에서 일본군의 동향을 파악하기 위해 특명을 받은 이가 지원한 경우도 있지 않았을까? 어떤 이는 1938년부터 조선을 휩쓴 이원하, 이인석, 이창만 같은 '애국 영웅들'의 미담에 감격해서 자신도 그런 영웅이 되고 싶어 지원했을 수도 있다.

내선일체형 '애국 영웅' 만들기

여기서 잠시 이원하, 이인석, 이창만 등 '애국 영웅' 이야기는 보충하고 넘어가야겠다. 이 세 명의 이야기는 1930년대 말~1940년대 초 식민지 조선의 처지를 보여줄 뿐 아니라 많은 청년이 지원병에 나섰던 당시의 사회 분위기를 이해하는 데 도움이 되기 때문이다. 일제는 식민지 조선인을 침략전쟁에 동원하기 위해 애국심에 불타는 조선인 영웅이 필요했다. 그리하여 1938년부터 내선일체형의 조선인 '애국 영웅'이 줄줄이 탄생했고, 그들의 영웅담은 언론이나 영화, 연설회를 통해 조선 전역에 확산되었다. 영웅은 태어나기도 하지만 때로는 만들어지기도 한다. 이 시기 조선의 '애국 영웅'을 대표하는 이원하, 이인석, 이창만이 누군지 살펴보자.

먼저 '애국 노인' 이원하이다. 이원하는 충청도 청주에서 마을 구장 일을 하던 중 중병을 얻어 1939년 1월 74세의 나이로 죽은 이었다. 그는 병석에 있다가 갑자기 사라졌는데, 얼마 뒤 집에서 200미터 떨어진 곳에서 죽은 채로 발견되었다. 그런데 놀랍게도 그가 발견된 곳은 국기(일장기) 게양대 밑이었고, 당시 그는 일본 천황이 사는 동쪽을 향해 엎드려 큰절하는 자세로 숨겨 있었다. 가정불화로 분통을 터뜨리다 밤중에 집을 나가 동리 공터에서 쓰러져 죽은 거라는 주장도 있지만 그 주장은 무시되다시피 했다. 그보다는 그가 국기 게양대 밑에서 죽었고, 발견 당시 동쪽을 향해 엎드린 모습이었다는 것이 중요했다. 이로써 이원하는 '내선일체'를 표방하던 조선총독부의 주목을 받게 되고, 일약 '애국 노인'으로 부상했다. 신문에 연일 그의 '미담'이 실리고 심지어 교과서에도 소개되었다. 그가 발견된 국기 게양대는 '성지'로 미화되어 학생들의 참배 장소가 되었고, 근처에 기념비도 세워졌다. 이원하의 이야기는 애국심 고취를 위해 영화로 만들어져 조선 13도 방방곡곡에서 상영되었다. 영화의 제목은 '국기 밑에서 나는 죽으리'였다. 식민지 조선에는 1919년 9월 새로 부임하는 사이토 총독을 향해 폭탄을 투척했다가 사형당한 65세의 '애국 노인' 강우규가 있는가 하면, 죽을 때도 천황과 일장기를 향해 충성을 맹세했던 74세의 이원하라는 또 다른 '애국 노인'도 있었던 것이다.

　이원하가 죽고 '애국 영웅 만들기'가 한창이던 1939년 6월 이인석이라는 또 한 명의 조선인 영웅이 탄생한다. 이인석 상병은 지원병으로 중일전쟁에 나가 싸우다가 전사한 최초의 조선인이다. 당시 모든 신문이 그의 영웅담을 대서특필했다. 총독부는 1940년 2월 이인석 상병에게 조선인으로는 최초로 제1급 무공훈장인 금치(金鵄) 훈장을 수여했으며, 충북 옥천에 있던 그의 생가 역시 '성지 순

육군특별지원병명예지가(陸軍特別志願兵名譽之家) 명패 육군특별지원병이 있는 집 대문에 달 아두었던 것으로, 측면에 '증(贈) 애국부인회조선본부(愛國婦人會朝鮮本部)'라고 새겨져 있다. 크기는 7.0×16.0cm. (국립민속박물관 소장)

례' 장소가 되었다.

　마지막으로 이창만은 이원하·이인석과는 달리 스스로 목숨을 끊은 인물이다. 1940년 강원도 횡성에 살던 20세 청년 이창만은 일본 육군에 지원했으나 28 대 1의 높은 경쟁률을 뚫지 못하고 고배를 마셨다. 그는 두 번의 신체검사에 합격했으나 최종 필기시험에서 떨어지자 큰 충격을 받고 며칠간 식사도 하지 않다가 스스로 목숨을 끊었다. 그는 평소 "일본 군인이 된다면 가슴이 터질 것같이 기쁠 것 같다"라고 말했다고 한다. 이창만의 죽음 역시 연일 언론에 '애국 영웅'의 죽음으로 오르내렸는데, 그중 잡지《삼천리》는

조선인 육군특별지원병 소화 19년(1944) 10월에 찍은 지원병 사진이다. 사진 오른쪽 윗부분에 '반도 특지(半島 特志)'란 글자가 보이는데, '특지'는 '특별지원병'을 줄여 쓴 표현이다. (박건호 소장)

'애국 충렬의 귀감, 국가 간성(干城)이 못 됨을 한탄하고 자살한 이창만 군의 순사(殉死)!'라는 제목으로 그의 죽음을 찬양했다.

이렇듯 애국 영웅이 하루가 멀다 하고 생산되고 칭송되는 시대에 20세 전후의 청년들이 영향을 받지 않을 수 있었겠는가? 게다가 그들은 태어날 때부터 '대일본제국의 신민'이었다. 이미 조선이 식민지로 전락한 지 30년이 다 되어가고 있었으므로 30세 이하의 조선인들은 태어날 때부터 '일본인'이었고, 부모들을 통해서만 식민지가 되기 전의 나라 '대한제국'의 이야기를 들었을 것이다. 그러니 설혹 중국에 있던 대한민국임시정부를 안다고 하더라도 그들에게 그 존재감은 아주 미미했을 것이다. 게다가 1930년대 이후 국내 독립운동 세력은 명맥만 겨우 유지할 뿐이었다. 중일전쟁이 시작된 1937년 이후 식민지 조선에서는 대일본제국의 영광과 전쟁을 찬양하고 전쟁 영웅들을 찬미하는 소리가 요란했던 반면, 독립을 외치는 소리는 너무도 미미했다. 거시적 관점에서 지원병들이 식민통치체제나 침략전쟁에 기여했다는 점은 분명하지만, 해방 이후를 살아가는 오늘날의 시각으로만 그들을 평가할 수는 없다.

10년 뒤 그들은 다시 만났을까?

다시 앞의 사진으로 돌아가보자. 전선으로 출발하기 전 사진을 찍은 것이 1941년 1월 5일이면, 6개월간의 훈련 기간을 고려하면 그들은 1940년에 모집한 지원병들이었을 것이다. 1940년 지원병 모집에는 총 8만 4,400명이 지원해 28.1 대 1의 경쟁률을 뚫고 최종 3,000명이 선발되었다. 이 사진 속의 청년 아홉 명도 그 속에 포함되었을 것이다. 이들은 지원병 훈련소에서 같은 분대원으로 만나 6개월간 혹독한 군사훈련을 받고, 훈련이 끝나자 중국 전선에 파견될 날을 통보받았을 것이다.

그리고 출발을 며칠 남긴 어느 날 부대원 전체가 분대별 혹은

一九四三年十月二日作別記念安東金剛寫眞

弟 泰二 大歳

兄 泰鎬 二義

日本 橫須賀

海軍 入隊

滿州 關東軍

隊 四年

滿州里 戰死

입대 전 형제의 작별 기념사진 아홉 명의 청년이 그랬듯이 당시 전쟁터에 나가는 이들은
마지막이 될지도 모른다는 마음으로 사진을 찍었다. 이 사진은 1943년 10월 경북 안동
에서 형은 일본 관동군에, 동생은 일본 해군에 입대하기 전 작별 기념으로 찍은 것이다.
사진 아래에는 형이 1944년 전사한 것으로 적혀 있다. (대한민국역사박물관 소장)

소대별로 경성역 대합실에 마련된 임시 사진관에서 기념사진을
찍었던 것이다. 사진을 찍은 날은 1941년 1월 5일, 추운 겨울날이었
다. 사진을 찍은 뒤 이들은 살아서 돌아올 수 없을지도 모른다는
불안감을 숨긴 채 사진에 '꼭 10년 뒤에' 다시 만나자는 다짐을 새
겼을 것이다. 이렇게 이 작은 사진 한 장에 중일전쟁, 민족말살통

치, 지원병, 죽음에 대한 두려움, 전우애, 애국 영웅 등 그 시대의 많은 이야기가 담겨 일제강점기 역사의 한 페이지를 증언해주고 있다.

아홉 명의 청년들은 이후 어떻게 되었을까? 그들의 입대 동기를 알 수 없듯이 생사와 행방 역시 확인할 수가 없다. 다만 그중 한 명에 대해서는 사진 뒷면의 메모를 통해 알 수 있다. '김국현'의 이름 위에 '(十六年) 殉職(16년 순직)'이라고 적혀 있다. 글자가 다른 것보다 진한 걸로 보아 이 사진을 갖고 있던 '정휘진'이 뒷날 가필한 것 같다. 이 사진을 찍은 그해 '소화 16년'에 전우였던 김국현은 그들과의 약속을 지키지 못하고 중국 전선 어딘가에서 전사했던 것이다.

그렇다면 김국현을 뺀 나머지 여덟 명은 사진을 찍은 지 10년 후인 1951년 1월 5일에 재회했을까? 만나지 못했을 가능성이 높다. 중일전쟁과 태평양전쟁으로 이어진 그 시기에 목숨을 부지하기 힘들었을뿐더러 설령 살아남았다고 하더라도 만나기로 한 그날은 한국전쟁의 격전이 벌어지던 1·4후퇴 때가 아니던가? 운명의 장난처럼 그들 중 누구는 북한군이, 누구는 한국군이 되어 서로 총부리를 겨누었을지도 모른다고 생각하니 가슴 한쪽이 아리다. 1941년 1월 5일 비장한 표정으로 사진을 찍은 아홉 청년은 10년 뒤 경성(서울)이 참혹한 전쟁터로 변해 있으리라고 상상이나 했을까?

신탁통치에 반대하며 쓴 사직서

피로 쓴
사직서에 담긴
반탁운동 이야기

신탁통치에 반대하며 쓴 사직서

1946년, 20.0×28.5cm, 박건호 소장.

전라북도 익산 군청 삼림계 주사로 일하던
전우경(全祐慶)이 1946년 1월 1일에 쓴 사
직서다. 오른쪽이 사직서의 첫 면이고, 왼
쪽이 사직서의 두 번째 면이다. 두 번째 면
에 '전우경'의 이름이 보인다. 사직서 뒤에
는 '신탁반대', '조선독립만세'라고 쓴 혈서
가 붙어 있다. 해방 후 처음 맞이한 새해 첫
날 피로 쓴 사직서를 제출해야 했던 이유는
무엇일까?

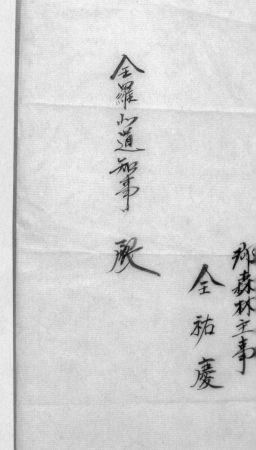

辭 職 書

朝鮮의自由를獨立을約束한聯合國에感謝의

意를表함果然이獨立을爲한過渡期의措置

로信託기때문에協納되나外勢에依해信託統治

事이實施되어其樣相으로轉換하려는

오늘날더協力하지않으므로滋에

信託統治를絶對反對하기에辭職함

20년도 더 된 오래전 어느 날이었다. 나는 빨간색 양복을 입고 꽁지머리를 한 범상치 않은 외모의 인물과 이야기를 나누고 있었다. 그가 인터넷 경매 사이트에 올린 신탁통치를 반대하는 내용의 전단(傳單)에 관심을 보였더니 연락을 해와서 만난 자리였다. 그가 들고 온 B4 용지 크기의 서류철에는 해방 직후의 반탁·찬탁 관련 전단 수십 장이 깔끔하게 정리되어 있었다. 반세기도 더 지난 오랜 전단들이 그렇게 완벽한 상태로 보존된 점도 놀라웠지만 그 격동기에 그런 것들을 수집한 사람이 있었다는 사실이 더 신기했다.

서류철을 보여주던 '빨간 양복'은 자신이 수집한 것이 아니라 한 컬렉터의 의뢰를 받아 판매대행을 하는 것이라고 설명했다. 인터넷 경매 사이트에 '미끼' 상품으로 한두 점 올리고서 관심을 보이는 사람이 있으면 연락을 취해 판매를 하는 식이었다. 가격을 물었더니 200만 원에 다 넘기겠다고 했다. 많은 금액에 주저하자 '빨간 양복'은 필요한 것만 사도 된단다. 가격은 한 장에 4만 원 정도. 나는 잠시 고민에 빠졌다. 관심이 가는 전단 몇 장만 사면 나머지 자료들은 뿔뿔이 흩어져버릴 게 뻔했다. 그렇게 되면 자료 자체의 완결성도 없어지고, 무엇보다 격동의 시기에 자료들을 수집한 이름 모를 어느 컬렉터의 노고에 무례를 범하는 것 같아 결국 한 달치 월급을 털어 일괄 구입했다. 나의 본격적인 컬렉션은 이때 시작되었다. 이후 전단 자료들은 2012년 대한민국역사박물관 건립 당시 박물관 측에서 유물을 매입할 때 대부분 양도해 지금은 내 품을 떠났다. 내 컬렉션에 대한 오래된 추억이다.

모스크바삼상회의 결정과 해방 후 첫 3·1절 풍경

신탁통치와 관련한 자료들을 박물관으로 보낸 후 몇 년이 지났을 때 매우 흥미로운 자료 한 묶음을 수집하게 되었다. 해방 직후 '전우경(全祐慶)'이라는 인물이 남긴 자료들이었는데, 그것들을 살펴보던 중 네 쪽 분량의 사직서가 눈길을 끌었다. 그것도 1946년 1월 1일을 맞아 쓴 사직서.

좀 이상하지 않은가? 새해를 맞이하면서 사직서를 쓰다니……. 더 놀라운 것은 사직서 뒤에 붙어 있는 두 장의 혈서(血書)였다! 한 자 한 자 조심스럽게 쓴 총 열 글자의 혈서 내용은 "신 탁 반 대"와 "조 선 독 립 만 세"였다. 일제로부터 해방 후 처음 맞는 새해 첫날

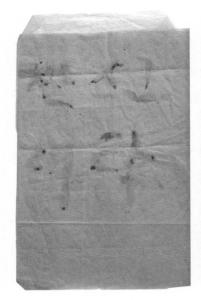

전우경이 사직서 뒤에 붙인 두 장의 혈서 한 장에는 '신탁반대', 또 한 장에는 '조선독입만세'라고 썼다. '독입'은 '독립'의 의미로 쓴 것인데, 당시에는 '독립'을 '독입'이라고 표기하기도 했다. (박건호 소장)

그는 왜 사직서를 썼을까? 게다가 왜 혈서까지 썼을까? 전우경이 왜 혈서 사직서를 썼는지 알아보기 위해 해방의 열기로 뜨거웠던 1945년 8월로 돌아가보자.

8월 15일, 드디어 해방이 찾아왔다. 그러나 기쁨도 잠시 해방 후 정치 세력들은 독립 국가를 세우는 문제를 둘러싸고 치열하게 경쟁했다. 게다가 미국과 소련이 38선을 사이에 두고 남과 북에 주둔하고서 자신들의 영향력을 강화하기 위한 신경전을 벌이고 있었다. 한반도 문제는 그야말로 어려운 고차 방정식이 되어버렸고, 앞으로의 전망 또한 극히 불투명했다. 이런 상황에서 1945년 12월 28일 모스크바에서 열린 미국·영국·소련 삼국의 외상회의 합의 내용이 국내에 전해지면서 정국은 더욱 꼬이고 말았다. 특히 이 합의가 발표되기 하루 전《동아일보》가 추측성 기사로 대형 오보를 내는 바람에 모스크바삼상회의 결정(이하 '모스크바 결정')을 제대로 판단하기 매우 어려운 상황이었다.

미국과 소련이 합의한 모스크바 결정의 요지는 다음과 같다. 먼저 미국과 소련이 미소공동위원회를 개최하고 여기에 조선(한국)의 여러 정당과 단체 대표들을 참여시켜 협의를 통해 '조선민주주의 임시정부'를 수립한다. 그리고 이 정부에 대해 연합국 4개국(미국·영국·중국·소련)이 최고 5년간 신탁통치를 하고, 이 신탁통치를 끝낸 후 한국인들의 완전한 자주독립 국가를 수립한다.

이 결정이 알려진 1945년 12월 28일을 전후하여 정국은 걷잡을 수 없는 혼란에 빠지게 된다. 1946년은 모스크바 결정의 찬반을 둘러싼 좌우익의 격렬한 대립으로 시작되었다.

먼저 우익, 즉 민족주의 세력은 신탁통치를 결사반대했다. 그들은 어렵게 독립을 한 마당에 강대국에 의한 신탁통치는 제2의 망국이고, 새로운 식민지배를 받는 것이라고 주장했다. 즉각적인 독립을 부정하는 신탁통치는 제2의 식민지배와 다름없기에 반탁운동은 제2의 독립운동이라는 논리도 내세웠다. 우익은 독립과 신탁

모스크바삼상회의의 합의 발표 1945년 12월 29일, 한반도를 연합국이 신탁통치하기로 한 모스크바삼상회의 결정 내용이 담긴 벽보를 서울 시민들이 보고 있다. (미국 국립문서기록 관리청 / 국사편찬위원회 소장)

통치를 완전히 대립적인 것으로 인식했다. 우리 민족이 다시 노예로 살 바에는 차라리 전부 같이 죽자는 극단적 주장을 담은 삐라도 뿌려졌다.《동아일보》와《조선일보》의 논조도 이와 다르지 않았다.《동아일보》는 1945년 12월 29일자 사설에서 "차라리 옥쇄(玉碎)하자"고 주장했으며, 같은 날《조선일보》의 사설 제목은 '죽음이냐 독립이냐'였다.

반면 좌익, 즉 사회주의 세력은 처음에는 신탁통치에 반대했으나, 1946년 1월 2일에 찬성으로 입장을 바꾼다. 그들은 모스크바 결정의 핵심 내용은 신탁통치에 관한 것이 아니라 '조선민주주의 임시정부 수립'이라고 인식했다. 미국과 소련이 38선을 경계로 한반도를 분할 점령한 상태에서 '임시'라는 딱지를 달고 또 신탁통치를 받는다는 한계가 있음에도 불구하고 한국인의 정부를 우선 수립하는 것이 급선무라고 보았다. 적어도 이 정부는 한반도 전체를 관할하는 한국인의 정부이기 때문이다. 게다가 신탁통치는 이 정부가 수립된 후의 일이며, 신탁통치 기간도 이 정부가 미국, 소련 양국과 잘 협의하면 5년 이내에서 몇 년이라도 단축할 수 있는 여지가 있었다. 또 좌익은 신탁이 어느 한 나라의 식민지가 되는 것이 아니라 4개국 연합 통치이고, 조선의 독립이 늦어도 5년 안에 이루어질 수 있기에 신탁통치는 독립과 대립되는 것이 아니라 오히려 독립을 촉진하고 보장하기 위한 방안이라고 국민에게 선전했다. 이런 맥락에서 좌익은 '모스크바 결정 절대 지지'를 내세웠다.

이처럼 모스크바 결정을 둘러싸고 일어난 좌우 대립은 점차 격화되었다. 우익은 좌익의 주장, 즉 '모스크바 결정을 총체적으로 지지한다'라는 내용에서 신탁통치 부분만을 주목해 "신탁통치를 하겠다는 모스크바 결정을 지지하는 것은 제2의 식민지배를 지지하고, 즉각적인 독립을 부정하는 것이므로 너희들은 '민족반역자'이자 '매국노'이고, 신탁통치를 배격하고 즉각 독립을 주장하는 우

우익의 반탁운동 모스크바삼상회의 결정이 국내에 알려지면서 반탁운동이 거세게 일어났다. 이 전단은 당시 '자살동맹(自殺同盟)'이라는 이름으로 뿌려졌다. 전단의 마지막 문장은 "그리하야 정히 그대들이 독립을 허용치 아니하거든 우리 손으로 모두 무찔러서 이 땅을 황무지로 인적 하나 없는 광야로 만들고 우리도 모두 죽어버리자꾸나. 길이길이 노예가 되어버리느니보다는"으로 끝맺고 있다. (박건호 소장) 오른쪽 사진은 반탁을 주장하는 우익 집회 장면이다. (출처: 위키미디어 커먼스)

리들이야말로 진정한 애국자"라는 이분법적 논리로 좌익을 공격했다. 좌익은 우익의 반탁운동을 "국제 정세의 무지에서 나온 민족 자멸책"이라면서 비난했다.

이들의 대립과 갈등은 점점 도를 더해가더니 1946년 3월 1일 결국 무력 충돌로까지 발전했다. 이날 좌익은 남산에서, 우익은 서울운동장(오늘날 동대문역사문화공원 터)에서 따로 3·1절 기념식을 연 뒤

좌익의 찬탁운동 좌익 세력이 뿌린 전단 가운데 부분에 큰 글씨로 "모스크바 결정은 조선독립을 보장한 민주주의 노선이다"라고 쓴 대목이 눈에 띈다. 이처럼 좌익은 우익과 달리 모스크바 결정을 절대 지지한다고 밝혔다. 그들은 신탁통치가 독립 국가 수립과 대립되는 것이 아니라 독립 국가로 가는 하나의 불가피한 과정으로 보았다. (박건호 소장) 오른쪽 사진은 모스크바삼상회의 결정 절대 지지를 주장하는 좌익 집회 모습이다. (출처: 위키미디어 커먼즈)

각각 거리행진을 시작했다. 좌익은 "모스크바 결정 절대 지지"를, 우익은 "신탁통치 절대 반대"를 내세웠다. 이 좌우 세력의 행진이 서울역 앞에서 마주치면서 종국에는 유혈 충돌이 벌어졌다. 해방 후 맞은 첫 3·1절은 이렇게 피로 얼룩지고 말았다. 신탁통치를 둘러싼 찬반 대립은 해방 후 친일파를 청산하고 민족독립 국가를 세우려던 민중의 노력을 좌우 대립으로 몰고 간 비극적인 사건이었다.

전우경, 피로 사직서를 쓰다

전우경이 사직서를 쓴 1946년 1월 1일은 아직 좌익과 우익의 대립이 시작되기 전이었다. 좌익의 입장이 바뀐 날은 그다음 날인 1월 2일이었기 때문이다. 아직은 신탁통치 반대, 즉 반탁 목소리만 들릴 때였다. 전라북도 익산 군청 삼림계 주사로 일하고 있던 전우경도 신탁통치를 결사반대하는 입장이었다. 그는 전라북도 도지사 앞으로 사직서를 썼는데, 1946년 1월 당시 전라북도 도지사는 미국 육군 중령 갤러기(R. F. Galloghy)였다. 사직서의 내용은 이러하다.

조선의 자주독립을 약속한 연합국에 감사의 뜻을 표하고, 군정(軍政)이 독립을 위한 과도기적 조치로 믿었기 때문에 협조한바 뜻밖에 신탁통치안이 실시되어 그 기관으로 전환하려 하는 오늘날 더 협력할 수 없는 고로 이에 신탁통치를 절대 반대하기에 사직함.

단기 4279년 1월 1일
익산 군청 삼림 주사 전우경
전라북도 도지사 전(殿)

그런데 신탁통치에 반대한다면 집회에 나가서 구호를 외치거나 세를 과시하는 것으로도 충분할 텐데, 왜 군이 사직서를 써야 했을까? 또 익산 군수라는 직속상관이 있는데, 왜 그를 건너뛰고 도지사 앞으로 사직서를 썼을까? 다시 1945년으로 돌아가보자.

민족주의 세력이 반탁운동을 추진할 당시 이를 주도적으로 이 끈 인물은 대한민국임시정부(이하 '임시정부') 주석이었던 백범 김 구였다. 김구는 1945년 11월 충칭에서 귀국할 때부터 자존심이 무 척 상한 상태였다. 그해 9월 38선 이남에 미군이 주둔하면서 군정 이 시작되었고, 미군정청은 남한의 유일한 정부로서 한국인의 어 떠한 정부 조직도 인정할 수 없다는 뜻을 분명히 했다. 이런 미군 정청의 방침에 따라 충칭에 있던 임시정부 요인들도 정부 이름을 내리고 개인 자격으로 귀국할 수밖에 없었다. 이 정도 굴욕은 참을 수 있다고 치자. 점입가경으로 해방 4개월 뒤 미국과 소련이 합의 한 모스크바 결정은 충격적이었다. 그 어디에도 임시정부에 대한 인정이나 배려 없이 미소공동위원회를 열어 완전히 새롭게 한국 인의 임시 민주주의정부를 세운다는 것이었다. 중국에서 풍찬노숙 하며 임시정부를 지켜온 지 어언 27년! 지난 모든 노력이 물거품 이 되는 순간이었다.

김구는 격분하여 12월 28일 밤 바로 경교장에서 독립운동 시절 의 임시정부 국무회의를 긴급 소집해 신탁통치반대운동을 결의했 다. 이어서 각 정당, 종교단체, 언론기관 대표자가 참여한 비상대 책회의를 열어 신탁통치반대국민총동원위원회(이하 '총동원위원회') 를 설치하고 반탁운동을 조직적으로 전개하기로 했다. 12월 29일 총동원위원회는 12개 항의 '반탁국민운동 실행 방법'을 결의하고 이를 이행할 것을 국민에게 호소했다. 여기에는 '연합국의 임시정 부 즉시 승인 요구, 신탁통치 절대 배격, 전국 군정청 관공리(官公

吏, 공무원) 총사직' 등이 포함되어 있었다. 이에 호응하여 같은 날 미군정청 한국인 직원 수천 명은 신탁통치 반대 총사직을 결의하고 가두 시위를 벌였으며, 서울 시내 경찰서장, 법조계, 조선금융단 등에서도 반탁운동을 결의했다. 12월 30일 총동원위원회는 "전국의 관청, 산업기관, 금융기관, 상업기관 일체는 폐쇄"라는 전 국민적 파업 명령을 내렸다. 이 명령에 따라 의사, 미군정하의 한국인 관리, 교사, 경찰 등 각계각층에서 파업에 동참했다. 미군정청에 근무하는 요리사들까지 파업에 동참해 출근을 하지 않는 바람에 미군 관리들이 전투식량으로 끼니를 때울 지경이었다. 이에 당황한 미군정은 체면상 한국인 고용인들에게 10일간 휴가를 실시한다는 발표로 대응했다.

같은 날 《민중일보》는 관공서의 업무가 마비된 상태를 이렇게 보도했다.

관공서 방면에서도 신탁이라는 굴욕을 용인할 수 없다 하여 각 직원들은 시무를 중지 상태로 이 구석 저 구석에서 수군거리는 이야기뿐이요, 그중에는 분연 퇴청을 하는 사람도 있다. 이리하여 모든 사무는 중단되고 말았다.

1945년 12월 마지막 날 반탁운동은 최고조에 달했다. 이날 총동원위원회 주관으로 반탁시위가 열렸는데, 수만 명이 참가한 이 시위에서 '3,000만 전 국민이 절대 지지하는 임시정부를 우리의 정부

총동원위원회 주관 반탁시위 1945년 12월 31일 신탁통치반대국민총동원위원회 주도로 서울운동장에서 열린 반탁시위에서 김구가 연설하고 있다. 이날 수만 명의 시민이 참가해 반탁운동은 최고조에 달했다. (백범김구기념관 소장)

로 세계에 선포하며 정식 승인을 요구한다는 것과 신탁통치를 받을 수 없다는 것, 미소 양군이 즉시 철수할 것', 그리고 전국 총파업을 결의했다. 이렇게 임시정부 세력이 주도한 반탁운동은 명백히 임시정부를 한국의 정식 정부로 인정해달라고 미군정에 촉구하는 운동, 즉 '임시정부 추대운동'의 성격을 띠었다. 이날 임시정부 세력은 한 걸음 더 나아가 충칭 임시정부 내무부장 신익희 명의로 포고문 '국자(國字) 제1·2호'를 발표했다. 임시정부는 포고문에서 "현재 전국 행정청 소속의 경찰기구 및 한인 직원은 전부 본 정부 지휘하에 예속케 함"을 선포하고 앞으로 한국인 직원들은 임시정부의 지휘만 따를 것을 명령함으로써 미군정에 정면으로 도전하게 된다. 임시정부는 이 선언을 통해 미군정으로부터 행정권을 접수하겠다는 의지를 표명했다. 미군정은 이를 미군정 축출을 위한 쿠데타 음모로 받아들임으로써 한국민들에게 냉정을 찾을 것을 호소하는 한편, 임시정부 요인 33인을 다시 중국으로 추방하려는 계획까지 수립했다.

이런 험악한 분위기에서 다음 날인 1월 1일 주한미군사령관 하지 중장은 김구를 군정청으로 불러 반탁운동을 즉시 중단하라고 협박했다. 이에 김구는 "이 자리에서 자결하겠다"며 강력히 맞섰다. 치열한 기 싸움 끝에 결국 김구는 국민들에게 파업 철회와 일터로 복귀할 것을 요구하는 동시에 자신들의 운동이 신탁통치 자체에 대한 반대이지 미군정에 반대하는 것이 아니라는 성명을 발표했다. 이렇게 김구가 한발 물러나면서 미군정과의 갈등은 차츰 진정되어갔으나, 그렇다고 반탁 열기가 식은 것은 아니었다.

다시 전우경의 사직서로 돌아가보자. 그가 사직서를 쓴 날은 1월 1일이다. 그의 사직서는 앞에서 언급한 임시정부의 반탁운동 관련 조치나 지령에 찬동한 행위로 보인다. 특히 12월 29일 총동원위원회가 발표한 '반탁국민운동 실행 방법' 중 '전국 군정청 관공리 총사직'이라는 제안이 그가 사직서를 쓰는 직접적인 계기가 되었을 것이다. 30일 이 위원회가 내린 전 국민적 파업 명령도 영향을 끼

쳤을 것이다. 이 같은 위원회의 호소에 많은 공무원이 호응했던 것으로 보이며, 실제 출근하지 않거나 사직서를 제출하는 사람들이 다수 있었다.

전우경이 사직서를 작성한 것은 이런 당시 공무원들의 파업, 총사직 움직임 속에서 이뤄진 것이었다. 다만 그가 사직서만이 아니라 혈서를 썼다는 점에서 매우 적극적인 신탁통치 반대론자였음을 엿볼 수 있다. 당시 공무원들이 혈서 사직서를 제출하는 일이 많았다면 신문에 실렸을 법한데 그런 기사는 찾지 못했다. 한편, 익산 군청 산림계 주사 전우경이 사직서를 직속상관인 익산 군수가 아니라 전라북도 도지사 앞으로 쓴 이유도 살펴보자. 그 당시 익산 군수는 한국인이 맡고 있었는데, 전우경의 입장에서 보면 직책은 달라도 군수나 주사나 군정청 소속의 한국인 관리라는 점에서는 같은 처지였다. 그러니 한국인 군수가 아닌 당시 미군 도지사에게 사직서를 제출하는 것이 자연스러운 일이었다. 그들이 상대할 대상은 임시정부를 부정하고 신탁통치를 결정한 미국이나 미군정이었기 때문이다.

전우경이 쓴 혈서 사직서가 어떻게 작성되었는지 전후 사정을 살펴보았다. 해방 직후 미군정기에 전우경이 전라북도 익산 군청에서 산림계 주사로 일했으며, 민족주의자로서 반탁운동에 열렬히 참가했다는 것 말고는 그에 대한 정보가 없다. 다만 그의 사직서와 함께 수집한 자료들 중에 '무궁화 동산가'와 '독립가'라는 제목의 가사를 적어놓은 것이 있는데, 1945년 9월에 지었다고 써놓은 것으로 보아 전우경이 직접 지은 것으로 짐작된다. 가사 제목과 내용을 통해 그가 민족주의 성향이 상당히 강한 인물임은 분명해 보인다. 그랬기에 혈서 사직서를 쓰지 않았겠는가?

전우경의 '혈서 사직서'는 한 개인의 절박함뿐 아니라 신탁통치에 반대했던 민족주의 계열의 결연한 의지도 함께 담고 있는 생생한 현대사 자료이다. 다만 전우경이 이 사직서를 제출했는지는 확실히 알 수 없다. 이 사직서가 그의 다른 자료들과 함께 한 묶음으로 남아 있는 것으로 보아 도지사에게 제출하지 않았거나 제출했다가 나중에 반려된 것일 수도 있겠다.

콜레라 창궐로 인한 학생 귀향 명령 증명서

호열자, 1946년
해방 조선을
덮치다

콜레라 창궐로 인한 학생 귀향 명령 증명서
1946년, 17.2×27.2cm, 박건호 소장.

1946년 여름 콜레라가 유행하자 전남의 무안
공립농잠학교에서 학생 장상기(張祥氣)에게
발급한 귀향 명령 증명서이다. 등사한 문서에
학생의 집 주소와 이름, 생년월일만 직접 손
으로 적어 넣었다. 콜레라 창궐 당시의 사회
상을 증언하고 있다.

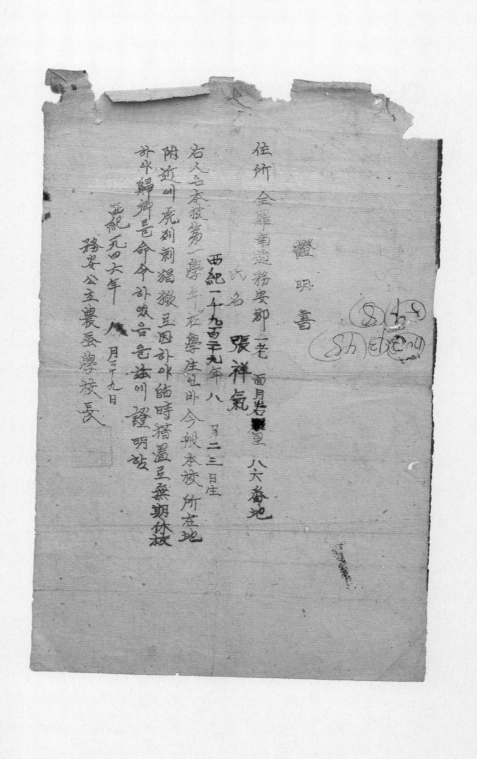

證明書

住所　全羅南道務安郡一老面月老里　八六番地

氏名　張祥氣

西紀一千九百二十九年　八月二三日生

右人은本校第一學年在學生으로서今般本校所在地
附近에虎列刺猖獗로因하야臨時措置로無期休校
하야歸鄕을命令하였음을茲에證明함

西紀一九四六年　八月二十九日

務安公立農蠶學校長　[印]

신이시여! 모든 사람의 몰골이 어떻게 저럴 수 있습니까! 거리에서
오가는 대화는 온통 죽음에 관한 것뿐입니다. 그리고 도심은 오가는
사람도 거의 없이 버려진 재난 지역 같습니다.

– 새뮤얼 피프스, 《일기》(1660~1669)

새뮤얼 피프스의 일기는 페스트(흑사병)가 창궐했던 1660년대
런던의 처참한 거리 풍경을 잘 보여주고 있다. 사망자 수로 보자면
페스트는 인류 역사상 최악의 전염병이었다. 유럽에서 페스트가
맹위를 떨쳤던 1347~1351년 사이에 2,000만 명가량의 희생자가 발
생했다. 이는 당시 유럽 인구의 약 3분의 1에 해당하는 수다.

전염병은 그 모습을 바꾸어가면서 끊임없이 인류를 괴롭혀왔
다. 어찌 보면 인류 역사는 서로 간의 전쟁사이자 전염병과 싸워온
역사이다. 질병사가(疾病史家)들은 인류에게 가장 큰 공포를 가져

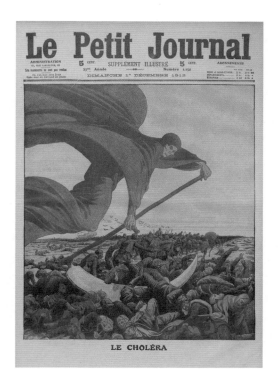

콜레라의 창궐 프랑스《르 프티 주르날(Le Petit Journal)》1912년 12월 1일자에 실린 화보. 콜레라가 유행하고 있는 상황을 검은 옷을 입은 '저승사자'가 거대한 낫으로 사람들을 풀 베듯이 베고 있는 것으로 묘사했다. 콜레라의 공포를 단적으로 보여주는 그림이다. (출처: 위키미디어 커먼스)

다준 전염병으로 페스트와 콜레라를 꼽는다. 페스트와 더불어 인류를 끔찍한 공포에 빠뜨렸던 콜레라, 이번에는 이 콜레라와 관련된 이야기다.

　2014년에 해방 직후 발급된 증명서 한 장을 수집했다. B5 용지보다 조금 작은 종이에 인쇄된 이 낡은 증명서는 전남 무안공립농잠학교 1학년 '장상기(張祥氣)' 학생의 것으로, 학교가 무기 휴교와 함께 학생들에게 귀향 조치를 취하면서 발급한 증명서였다. 발급 시기는 1946년 8월 29일, 휴교 이유는 다름 아닌 '호열자 창궐'이었다. 호열자는 콜레라의 우리식 이름이다. 해방 후 1년이 되는 1946년 8월 한반도에 호열자가 덮친 것이었다.

정치사 너머의 역사

우리는 역사를 공부할 때 정치사 중심으로 특정 시대를 이해하려는 경향이 있다. 또한 그런 방식으로 접근하면 그 당시 사회를 잘 이해할 수 있을 것이라고 생각한다. 과연 그럴까?

1876년 병자년을 예로 들어보자. 이해에는 일본과 병자수호조약이라고도 불리는 강화도조약을 맺었다. 그러나 한편으로는 19세기 최악의 가뭄으로 기록된 '병자년 대가뭄'이 일어난 해이기도 하다. 민중의 입장에서는 강화도조약보다 자신들의 생업과 직접 관련한 가뭄이 더 큰 관심사였다. 강화도조약이 알 수 없는 영역이자 그 영향 또한 쉽게 가늠할 수 없는 것이었다면, 가뭄은 당장 그들의 생계를 위협하고 있었다. 만약 당시의 민중에게 1876년 병자년의 경험을 묻는다면, 그들은 강화도조약보다 대가뭄의 참상을 구구절절 증언할 개연성이 높다. 이건 역사적 중요성을 논하는 것과는 다른 차원의 이야기다.

내가 장상기의 '귀향 명령 증명서'에 관심을 가진 것은 1946년

8월이라는 시점 때문이었다. 해방 후 1년이 지난 그 시기에 대해 내가 아는 것은 주로 정치사였지 정치사 너머 그 시대 사람들의 일상에 대해서는 아는 바가 별로 없었다. 내가 아는 당시의 정치 상황은 이러하다.

1946년 8월, 사회는 어수선했다. 모스크바삼상회의 결정에 따라 '조선민주주의 임시정부'를 수립하기 위한 미소공동위원회가 개최되었지만, 미국과 소련의 의견 대립으로 1946년 5월 6일 이후 무기한 휴회에 들어가 벌써 석 달이 지나고 있던 때였다. 미소공동위원회는 재개될 기미도 보이지 않는 데다가 6월 3일에는 이승만이 남한만의 단독정부 수립을 표방한 '정읍 발언'으로 인해 38선을 사이에 두고 남과 북으로 분단될지 모른다는 불안감이 고조되고 있었다. 이런 상황에서 1946년 7월 여운형과 김규식은 분단을 막으려고 좌우합작운동을 시작해 대중의 관심을 끌고 있었다. 해방 1년 만에 우리 역사는 분단이냐 통일정부 수립이냐의 갈림길에 서 있었다.

그런데 그해 창궐한 호열자 역시 1946년 8월을 이야기할 때 빠뜨릴 수 없는 중요한 역사적 사건이다. 무차별적으로 퍼져나간 전염병까지 아울러야 그 시대 민중의 삶을 보다 생생하게 이해할 수 있지 않을까? 장상기의 증명서에 관심이 갔던 이유이기도 하다. 1946년 8월 당시 민중은 좌우합작운동에 열광하거나 반대하는 민중일 뿐만 아니라, 호열자에 신음하고 죽어가는 민중이기도 했다. 어쩌면 당대 그들의 삶에 더 큰 영향을 끼친 것은 호열자였을지도

도시 방역 활동 1946년 5월 서울시 위생소의 청소차가 거리를 청소하고 있다. (미국 국립문서기록관리청 소장)

모른다. 호열자는 오늘 당장 나와 내 가족과 이웃의 목숨을 거두어 가는 저승사자 같았을 것이다.

  이런 문제의식을 가지고 지금부터 장상기가 발급받았던 '귀향 명령 증명서' 한 장을 통해 호열자가 무엇인지, 호열자가 평범한 사람들의 일상에, 특히 언어생활에 어떤 흔적을 남겼는지 알아보자. 또 호열자가 습격한 1946년 해방 조선의 사회상도 한번 들여다보자.

호열자? 호열랄?

먼저 호열자, 즉 콜레라에 대해 알아보자. 호열자는 전염병 중에서도 가장 무서운 병으로, 이 병에 걸리면 구토와 설사를 하고, 경련과 실신을 거듭하다가 사망에 이른다. 호열자는 한자로 '虎列刺'라고 쓴다. '호랑이가 살점을 뜯어내는 것처럼 고통스럽다'는 뜻인데, 알고 보면 콜레라를 뜻하는 중국어 '호열랄(虎列剌, hǔ liè là)'을 옮기는 과정에서 '剌(랄)' 자를 '刺(자)' 자로 혼동한 것이다. 이렇게 호열자라는 이름의 유래가 단순히 콜레라의 음차였다 하더라도, 호랑이에게 물려 살점이 찢겨나가는 것 같다니 고통의 정도를 적나라하게 표현한 꽤나 잘 지은 병명으로 보인다. '호열자'는 '호역(虎疫)'이라고도 불린다.

우리 역사에서 이 병이 처음부터 '호열자'로 불리지는 않았다. 이 이름을 얻기 전에는 '괴질(怪疾)', 즉 '괴이한 질병'이었다. 수많은 사람이 알 수 없는 병으로 죽어나갈 때의 당혹감이 병명에 담겨 있다. 말 그대로 콜레라는 괴이하기 짝이 없는 미스터리한 질병이었다. 이 병이 조선에 처음 등장한 것은 1821년(순조 21) 음력 8월이었다. 당시 평안도 감사 김이교는 다음과 같은 장계를 조정에 올려 괴질이 휩쓸고 있는 도내 상황을 보고했다.

평양부(平壤府)의 성 안팎에서 지난달 그믐 사이에 갑자기 괴질이 유행하여 구토와 설사를 하고 관격(關格, 급하게 체해 인사불성이 됨)을 앓

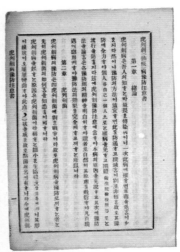

《호열랄병예방주의서(虎列剌病豫防注意書)》 1902년(광무 6) 대한제국 의학교에서 편찬한 콜레라 예방서다. 《호열랄병예방주의서》라는 책 이름처럼 당시에는 콜레라를 '호열랄'이라고 불렀다. 그런데 '랄(剌)' 자가 '자(剌)' 자와 비슷해 '호열자'로 잘못 알려지면서 이후 그 이름으로 굳어졌다. (한독의약박물관 소장)

아 잠깐 사이에 사망한 사람이 열흘 동안에 자그마치 1,000여 명이나 됩니다. 의약도 소용없고 구제할 방법도 없으니, 목전의 광경이 매우 참담합니다. …… 그 돌림병이 그칠 기미가 없고 점차로 확산될 염려가 있어 점차 외방의 각 마을과 인접한 여러 고을로 번지고 있습니다.

– 《조선왕조실록》 순조 21년 8월 13일 기사

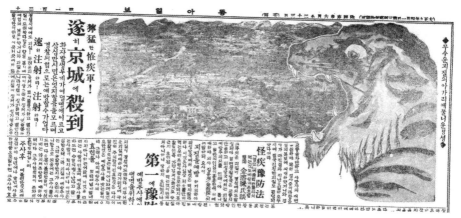

'무서운 괴질의 아가리에 물리운 경성'《동아일보》1920년 8월 7일자에 실린 삽화이다. 콜레라는 호열자 혹은 호역으로 불렀으므로 콜레라에 대한 공포를 '호랑이'와 자연스럽게 연결시켰다.

이 장계가 올라온 그다음 날인 8월 14일 비변사에서는 평안도뿐 아니라 황해도에서도 이 병이 퍼지고 있다고 보고했다. 비변사 보고에서는 이 정체불명의 병을 '난명지질(難名之疾)', 즉 '이름을 알기 힘든 병'이라고 지칭하고 있다. 병의 정체를 모르니 마땅한 대책을 세울 수도 없었다. 급속히 확산되고 있는 이 병에 대해 비변사에서 내놓은 대책이라고는 각 도의 관찰사에게 지성으로 제사를 지내라고 지시하는 것이 고작이었다. 콜레라와 조선의 첫 만남은 이렇게 시작되었다.

전염병이 우리말에 남긴 흔적들

"염병하네." 2017년 크게 화제가 되었던 이 말을 독자들은 기억할 것이다. 국정농단 사건으로 특검에 소환된 최순실이 "여기는 더 이상 민주주의 특검이 아닙니다"라고 외치자, 특검 사무실이 있는 건물의 청소 노동자가 내뱉은 말이다. 그것도 세 번씩이나! 염병(染病)은 전염병(傳染病)의 준말로 얼핏 보면 전염병 일반을 뜻하는 보통명사인 듯하지만, 실제로는 전염병 중 장티푸스를 속되게 이르는 말이다. 사람들은 이 염병을 매우 불길하고 무서운 병으로 인식했다. 그래서 특정인을 극히 미워하고 저주할 때 '염병할 놈(년)'이라고 한다. 염병이나 걸려 죽으라는 것이니 섬뜩한 욕이다. '염병하네'는 '염병할 놈(년)'보다 의미가 더 센 말이다. 앞으로 염병에 걸려 죽을 놈이 아니라 지금 염병에 걸려 죽어간다고 아예 대놓고 하는 욕이다.

장티푸스가 우리말에 이런 흔적을 남겼다면, 그 위력이 장티푸스를 훨씬 넘어서는 호열자 역시 흔적을 남기지 않았을 리 없다. 1946년 전남 무안의 장상기가 궁금하겠지만, 그를 만나기 전에 호열자가 우리말에 남긴 흔적도 마저 살펴보자.

첫 번째, "쥐 나다"라는 말이 있다. 호열자는 '쥐통' 혹은 '쥣병'이라고도 불렸다. '호열랄'이 '호랑이에게 살점을 뜯기는 고통'이라는 뜻으로 호랑이와 연관 지어 표현한 말이라면, '쥐통'은 쥐와 연관 지어 표현한 말이다. 이 병에 걸리면 마치 쥐가 사지(四肢)에 오르는 듯해서 몸을 자유롭게 움직이지 못하고 극심한 고통을 겪다가 뼈만 남은 채 죽게 된다는 것이다. 그래서 민간에서는 호열자를 막기 위해 고양이 그림을 대문에 붙여놓기도 했다. 호열자를 쥐 귀신이 옮기는 것이라 생각해 천적인 고양이 그림을 붙여 쫓고자 한 것이다. 이는 당시 서양 선교사의 기록에도 나타나 있다.

> 조선인들은 쥐 귀신이라는 악귀가 몸 안으로 들어와 콜레라에 걸리게 된다고 생각한다. 발을 통해 들어와 몸 위쪽으로 올라와서 복부에 이르게 되는데, 귀신이 들어오면서 근육에 쥐가 난다고 믿었다. 시내를 걷다 보면 대문에 고양이 그림이 붙은 것을 자주 볼 수 있었다. 이는 쥐 귀신을 잡기 위함이다. 어디를 가나 이러한 어리석은 예를 볼 수 있었다.
>
> — 올리버 R. 에비슨(O. R. Avison), 《Memoires of life in Korea》(1893~1935)

다리에 경련이 일어나면 '쥐가 발을 물어 근육에 쥐가 오르는 것' 같다며 호열자에 걸리지 않았는지 의심했다. 지금도 갑자기 다리 근육에 경련이 나면 "쥐 났다"고 하는데, 이 말에는 끔찍한 전염병의 역사가 숨어 있는 것이다.

두 번째는 "바가지 긁다"라는 표현이다. 이 말도 호열자와 관련이 있다. 호열자에 걸리면 고양이 그림을 대문에 붙이는 것 말고도 부적을 붙이거나 동네 어귀에 가시가 많은 아카시아 나무를 세워놓는 등 호열자를 쫓기 위해 여러 방법을 동원했다. '바가지를

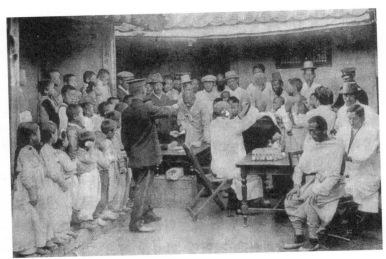

콜레라 예방 접종 1920년 인천의 한 동네에서 위생경찰과 한 조를 이룬 의사들이 주민 들을 모아놓고 콜레라 예방 접종을 하고 있다. 1919~1920년 콜레라가 대유행하여 1만 1,084명이 사망했다. 조선총독부에서 펴낸 《다이쇼(大正) 9년 호열자병 방역지》 에 실린 사진이다.

긁는 것'도 그중 하나였다. 호열자를 쥐통이라고 하지 않았던가. 당시 사람들은 시끄러운 소리로 쥐를 쫓을 수 있듯이, 바가지를 드득드득 시끄럽게 긁으면 쥐통을 떨쳐낼 수 있다고 믿었다. 비록 원시적이긴 하지만 나름 창의적인 발상이었다. 시끄럽게 바가지를 긁어대는 소리는 쥐도 싫어했겠지만, 사람도 마찬가지였다. "바가지 긁는다"라는 말은 여기서 파생했다. 잔소리를 심하게 하는 것을 빗댄 표현인데, 주로 아내가 남편에게 잔소리를 하는 것을 가리키는 말로 굳어져 오늘에 이르렀다. 이런 유래를 이해한다면 이 말을 남편들이 싫어하는 소리라고만 할 수는 없을 것이다. 아내가 듣기 싫은 말 몇 마디 했다고 해서 그 행동을 '바가지 긁는다'며 콜레라를 쫓아내려던 기세에 빗대는 것도, '남편'을 쫓아내야 할 콜레라 같은 존재로 보는 것도 부부를 모두 불편하게 하기는 마찬가지다.

1946년 8월 전라도 무안

이제 1946년 8월 증명서를 발급한 장상기의 학교가 있던 전라남도 무안으로 가보자. 실감나는 이해를 위해 장상기를 주인공으로 당시 상황을 재구성해보았다.

1946년 8월, 장상기는 무안공립농잠학교 1학년 학생이다. 그는 1년 전 해방이 되었을 때 천지개벽할 변화가 올 것이라 생각했다. 그러나 세상은 크게 달라지지 않았다. 각종 공출이 사라지긴 했으나 살림살이는 고만고만했다. 일본 기업인들의 철수로 공장 가동률은 떨어지고, 중간 모리배의 매점매석으로 물가는 치솟고, 흉년으로 쌀은 부족하고, 정치적으로 좌우 대립은 격화되었다. 또 북쪽에서 남한으로 전기 공급을 했다가 끊었다가를 반복하여 남한은 전기 상황도 불안했다. 설상가상으로 콜레라까지 유행했으니, 상기는 걱정이 앞섰다. '이 콜레라로 얼마나 많은 사람이 죽어나갈 것인가.'

'40호 부락이 전멸 상태' 콜레라의 참화를 보도한 《영남일보》 1946년 8월 4일자 기사. 경북 달성군 논공면 하동의 40가구뿐인 어느 부락에서 30명의 콜레라 환자가 발생해 13명이 사망했다고 보도했다. 이 기사에서는 콜레라를 호열자의 다른 이름인 '호역(虎疫)'으로 표현하고 있다. 이어서 '우울한 소식 호역 사망자 2,000명 돌파'라는 기사도 보인다.

상기만 불안한 것이 아니었다. 당시 온갖 유언비어가 불안한 민심을 더욱 부채질했다. 콜레라 예방을 위해서는 뒷간에서 묵힌 수수를 빻아서 타 먹어야 한다느니, 부적을 집 안 어디에 붙여두어야 한다느니, 심지어 정도령이 나와야 이 난세가 끝난다고 《정감록》을 들먹이는 사람들도 있었다.

상기가 다니는 무안공립농잠학교도 요즘 호열자로 인해서 비상이다. 상기는 일제강점기인 1929년생으로 열일곱 살이다. 해방이 되면 전쟁도 끝나고 좋은 세상이 올 거라 생각했는데, 세상은 질

MY COLLECTION **8**

병과의 전쟁을 힘겹게 치르고 있었다. 소문에 따르면 호열자는 중국 쪽에서 왔다고 한다. 석 달 전인 1946년 5월 중국에서 귀환 동포 3,150명을 싣고 온 수송선 안에서 호열자로 두 명이 사망했다. 미군은 시체를 부산 영도 바닷가에 버렸는데, 그 바람에 인근 마을로 호열자가 퍼졌다는 것이다. 당시 부산에서는 하룻밤에 80명씩 목숨을 잃었다고 한다. 부산으로 들어온 호열자는 전국에 급속도로 확산되었다. 이런 상황에서 미군정 당국은 속수무책이었다. 호열자 예방 전단지를 공공장소에 붙이거나 사람들에게 나누어주는 것이 고작이었다.

당시 콜레라의 사망률은 거의 100퍼센트였다. 가장 중요하고 필수적인 치료가 정맥으로 수액을 공급하는 것인데, 약을 구할 수가 없었다. 일제 때 쓰고 남은 의약품들은 거의 바닥난 상태였고, 가뭄에 콩 나듯 미군이 가져다주는 약에 의존할 수밖에 없었는데, 이마저도 부정기적이고 양도 충분하지 않았다. 의사들은 치료 수단을 뻔히 알면서도 약이 없어 죽어가는 환자를 보고만 있어야 했다. 죽음 앞에서는 부모 형제도 없었다. 환자들은 병원에 올 때 트럭에 실려 왔는데, 보호자도 겁이 나고 경찰관의 제지도 있고 해서인지 가족은 거의 따라오지 않았다. 게다가 환자가 죽어도 가족들이 시체를 찾으러 오지 않는 경우도 많았다. 호열자 환자를 장롱에 감추어두었다가 한 동네가 몰살당했다는 해괴한 소문이 돌았는가 하면 또 어떤 곳에서는 화장터에서 시신을 태운 연기가 날아온다고 화장터를 부수는 소동도 있었다. 마치 지옥도의 한 장면

성공적인 콜레라 방역 표창장 1963년 11월 25일 보건사회부 장관이 콜레라 방역 사업을 성공적으로 수행한 공로를 기리고자 부산의 한 의사에게 수여한 표창장이다. 1950년 대부터 1970년대까지 콜레라는 연례행사처럼 찾아왔고, 보건당국은 그때마다 긴장의 끈을 놓을 수가 없었다. (박건호 소장)

을 보는 듯했다(《8·15의 기억》, 한길사, 2005 참고).

상기의 담임교사는 조례 시간에 학생들에게 당시 유행하고 있던 호열자에 대한 전달사항을 전했다. 전국적으로 휴교령이 내릴 것이며 무안농잠학교도 내일부터 무기 휴교할 예정이라는 것, 그리고 학교에서 발급한 '귀향 명령 증명서'를 반드시 휴대하고 다닐 것도 당부했다. 콜레라 유행으로 이동 통제가 심하니 그때마다 이 증명서를 내보이라는 것이었다. 상기는 선생님이 나누어준 증명서를 자세히 들여다본다.

증명서

주소: 전라남도 무안군 일로면 월암리 86번지

씨명: 장상기(1929년 8월 23일생)

우인(右人)은 본교 제1학년 재학 중인바 금번 본교 소재지 부근에 호열자 창궐로 인하야 임시 조치로 무기 휴교하야 귀향을 명령하였음을 이에 증명함

서기 1946년 8월 29일

무안공립농잠학교장

상기와 학생들은 술렁거렸다. 여름방학이 끝나고 새 학기가 시작된 지 얼마 되지 않았는데, 무기 휴교를 하면 언제 다시 학교가 문을 열지 알 수 없기 때문이다. 이보다 더 두려운 것은 지금 교실에 함께 앉아 있는 친구들 중 휴교가 끝났을 때 살아 돌아오지 못할 친구도 있지 않을까 하는 점이다. 누가 비극의 주인공이 될지는 아무도 알 수 없었다. 다만 죽음이 멀리 있지 않다는 것을 느낄 뿐이었다. 불안과 걱정으로 하루하루가 그렇게 저물어가고 있었다. 해방 1주년을 축하하는 플래카드가 걸려 있는 학교 앞 거리 풍경은 황량하기만 했다.

한국전쟁 중 차영근의 전시 수첩

난중일기,
치열한 고지전의
비극을 담다

한국전쟁 중 차영근의 전시 수첩

1951년, 6.5×12.3cm, 박건호 소장.

전북 김제 출신의 20대 청년이었던 차영근
소대장이 한국전쟁 중 남긴 전시 수첩이다.
1951년 3월부터 약 11개월에 걸쳐 쓴 일
기로, 전쟁 상황과 부대 생활을 깨알같이
적어놓았다. 치열한 고지전의 참상뿐 아니
라, 전쟁 중에도 가족과 고향을 그리워하는
마음이 녹아 있다.

8月 21日 火曜日 晴雨
오늘도 비가 내린다
우리는 繼續 行政에 熱中하였
다. 우리壕에서는 우물처럼 물이
나온다

8月 22日 木曜日 雨
오늘도 비가 내린다.
멋지 이렇게 비가 오는지
알수없다

8月 23日 木曜日 雨
防雪地로부터 1831高地 우회하여
水洞面 924高地로 移動함
80里 程度의 山岳行軍

8月 24日 金曜日 晴
오늘 우리는 戰鬪態勢中하는
衛生 ... 衛生을
... 이라는 訓練하고

8月 25日 土曜日 晴
924高地로부터 757高地로 前進
繼續 戰鬪가 激烈한
中隊長 雲霧. 当했

8月 26日 日曜日 晴
繼續 戰의 敵의 抵抗이
심히 더러 진다.
흐리고 비 내 렸다

8月 27日 月曜日 雨
오늘도 계속 戰鬪 비는 또 내린다.
敵의 抵抗도 계속 더러진다
II雨 이 攻勢를 하였는데 占領치
못하였다

8月 28日 火曜日 曇雨
비는 계속 今朝에 내린다 -- 11師 20聯隊는
884고지 및 5高地 하였다 -- 오늘도
砲射軍은 계속 내린다 (더러진다)
塹外 무너 져서 -- 各 聯隊 ... 을하였다
나는 中隊長 이 없어 如日로 다 多忙하다

화살머리고지에서 그가 돌아왔다. 이등중사 박재권! 한국전쟁이 끝난 지 65년 만인 2018년 10월 24일이었다. 그러나 그는 따뜻하고 부드러운 육신이 아니라 세월의 더께가 내려앉은 차갑고 딱딱한 유골의 모습이었다. 이날 국방부 유해발굴감식반은 남북공동유해발굴을 위한 지뢰 제거 작업이 진행 중이던 철원군 비무장지대(DMZ) 내 화살머리고지에서 뼛조각과 '박재권'이라는 이름이 적힌 인식표를 발견했다. 한국전쟁 후 비무장지대에서 이뤄진 국군 유해 발굴 1호로 기록될 발굴이었다. 이날 유골과 함께 발견된 수통에는 30여 발의 총탄 자국이 있어 당시 전투가 얼마나 치열했는지를 증언하고 있다. 안타까운 것은 박재권 이등중사가 전사한 날이 화살머리고지 전투가 끝나기 하루 전이었다는 사실이다. 결국 그는 살아서 집에 돌아가지 못했다. 그가 유골로나마 돌아온 65년 뒤의 이 세상에는 불철주야 그를 기다렸을 부모도 더는 살아계시

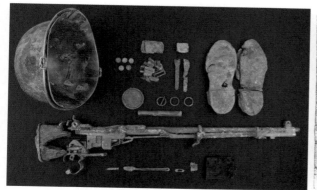

화살머리고지에서 발굴된 유품 강원도 철원군 비무장지대(DMZ) 화살머리고지에서 박재권, 남궁선 이등중사에 이어 세 번째로 김기봉 이등중사의 유해가 발굴되었다. 김기봉 이등중사는 27세였던 1951년 12월에 참전해 1953년 7월 화살머리고지 제4차 전투에서 전사했다. 휴전협정 체결을 불과 17일 앞둔 시점이었다. (왼쪽) 김기봉 이등중사의 철모와 소총 등 소지품. (오른쪽) 고인의 생전 모습. (출처: 국방부)

지 않았다. 박재권 이등중사만이 아니라 한국전쟁 당시 수많은 '박재권'이 고지전에서 살아 돌아오지 못했다.

　몇 년 전 우연히 한국전쟁 중 어느 군인이 남긴 수첩 하나를 손에 넣었다. 나는 수집을 할 때 역사적 사건이 직간접적으로 반영된 기록물을 선호하는데, 이 수첩도 그런 이유로 수집품 목록에 포함했다. 수첩에는 1951년 3월부터 약 11개월간의 전쟁 상황과 부대 생활이 일기 형식으로 기록되어 있는데, 고지전 이야기가 대부분이다.

수첩 맨 뒷면에 적혀 있는 이름, '차영근'이 그 주인공이다. 수첩의 내용으로 보아 그는 전북 김제 출신의 20대 청년이었다. 아직 대한민국 정부가 수립되기 전인 1948년 2월에 입대한 그는 그해 '여순사건' 진압에 동원되기도 했다. 이후 하사관 교육을 받고 하사가 된 뒤 1949년 4월 이등중사, 1950년 6월 일등중사가 되었다. 그 직후 한국전쟁이 발발한다. 차영근은 전쟁 발발 초기인 7월 28일 낙동강 전투 중 청송에서 북한군(인민군) 기관총을 탈취한 공으로 4등 무공훈장을 받았다. 그해 10월에는 상사로 진급하고, 1951년에는 소대장으로 임관했다. 고향 김제에는 부모 형제가 살고 있었다. 군용 수첩에 그날그날 일을 기록한 것으로 보아 그는 꼼꼼한 성격이었을 것이다. 그가 남긴 수첩에는 1951년 3월 2일부터 1952년 1월 22일까지의 일들이 깨알 같은 글씨로 기록되어 있다. 일기에 따르면 그의 부대는 강원도에서는 주로 고지전에 참가했다가 1951년 겨울이 시작될 즈음 배를 타고 후방으로 배치, 지리산 일대를 중심으로 북한군 잔여 세력을 수색하고 소탕하는 임무를 수행했다.

고지전의 비극

한국전쟁 중 왜 '고지전'이라는 형태의 전투가 벌어졌을까?

한국전쟁이 발발한 지 약 1년 만인 1951년 7월 휴전회담이 시작되었다. 당시 전선은 남쪽과 북쪽으로 오르내리다 누구의 승리랄 것 없이 원점으로 돌아갔다. 공산군과 유엔군이 38선 부근에서 밀고 밀리는 교착 상태가 지속되는 가운데 양측 협상단은 휴전 조건을 둘러싸고 지리한 공방을 펼쳤는데, 그 쟁점 중 하나가 군사분계선 문제였다. 군사분계선을 어떻게 설정할 것인지를 둘러싼 협상은 4개월을 끌었는데, 공산군인 중국과 북한은 38선을, 유엔군을 대표한 미국은 당시 양측의 접촉선, 즉 '현재의 전선'을 군사분계선으로 하자고 주장했다.

이 쟁점은 결국 4개월 만인 1951년 11월 27일 유엔군의 주장대로 합의에 이른다. 양측이 합의한 주요 내용은 다음과 같다. 첫째, 휴전협정이 조인될 때까지 전투를 계속한다. 둘째, 현재의 접촉선을 군사분계선으로 하고 이를 중심으로 남북으로 각각 2킬로미터씩 총 4킬로미터의 비무장지대를 설치한다. 셋째. 잠정적 군사분계선은 임진강-판문점-청정리-가곡리-계호동-신현리-산명리-관포동-금곡리-금성-어운리-송정-사태리-가칠봉-신탄리-남강을 잇는 선으로 한다. 넷째, 이 군사분계선과 비무장지대는 30일 이내에 휴전협정이 조인될 경우에 한하여 유효하다. 다섯째, 만일 30일 이내에 휴전협정이 조인되지 않을 경우 군사분계선은 휴전협정이 조인될 당시의 접촉선으로 한다는 것 등이었다.

이 합의에 따라 30일 이내에 휴전협정이 조인되었다면 한반도에서 총성은 완전히 멈추었을 것이다. 그러나 포로 송환 등 다른 의제들로 휴전회담이 난항을 겪는 바람에 결국 약속한 30일을 넘

작별 인사 고지전에서 죽어간 군인들은 익명의 존재로 묻혀 있지만, 박재권과 차영근처럼 저마다 이름과 사연을 가진 개인들이었다. 사진은 1950년 12월 18일 대구역에서 입대하는 아들과 작별 인사를 나누고 있는 어머니의 모습이다. (미국 국립문서기록관리청 소장 / 출처: 국사편찬위원회)

기면서 잠정적 군사분계선은 무효가 되고 말았다. 이제 양측은 새로운 군사분계선을 유리하게 그리기 위해 언제일지 모르는 휴전협정 조인 때까지 무한정 싸워야만 했다.

만약 군사분계선이 38선으로 결정되었다면 전쟁은 이후 어떻게 전개되었을까? 휴전협정 조인 시까지 전투 계속의 원칙이 유지되었다 하더라도 서로 치열하게 싸우지는 않았을 것이다. 적을 무찌르고 영역을 아무리 넓혀봐야 최종 군사분계선은 38선으로 회귀할 수밖에 없기에 전선은 자연스럽게 38선 부근으로 수렴되고, 그

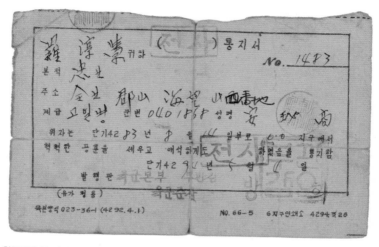

한국전쟁 중 전사자 가족에게 발송된 전사 통지서 (전쟁기념관 소장)

일대에서 상대방을 무력시위 차원에서 공격하는 '저강도 전쟁'이
전개되었을 것이다.

그러나 합의 내용은 38선이 아니라 휴전협정 조인 시의 '양측 접
촉선'이었고, 게다가 그때까지 유지되는 전투 계속의 원칙은 이
후 전쟁 양상에 큰 영향을 미치게 된다. 최종 휴전협정에 서명할
때까지 양측은 땅 한 뼘, 고지 하나라도 더 차지하기 위해 막바지
까지 치열하게 싸울 수밖에 없었다. 특히 전쟁 종식이 아니라 잠
정 휴전으로 이후 주도권을 잡기 위해서라도 전략적으로 유리한
고지를 결코 양보할 수 없는 상황이었다. 통상 고지 하나는 인근
30~40킬로미터의 지역을 점령하는 것과 맞먹는 것으로 평가된다.

그리하여 한국전쟁의 마지막 2년 동안 38선 부근에서 치열한 고지전이 벌어져 하루에도 몇 번씩 고지의 주인이 뒤바뀌었고 인명 피해 또한 막대했다. 특히 가장 치열한 고지전으로 꼽히는 백마고지전투의 경우 1952년 10월 6~15일까지 열흘간 12차례의 쟁탈전이 벌어지고 7차례나 고지의 주인이 바뀌었으며, 사상자도 중국군 1만 4,000여 명, 한국군 3,000여 명에 이르렀다.

이처럼 휴전회담이 진행되던 중에도 수많은 젊은이가 이 고지 저 고지에서 죽어갔다. 전쟁이 멈춘 오늘날 휴전선 근처 주요 고지들은 젊은 군인들의 거대한 공동묘지라고 해도 지나치지 않을 것이다. 앞에서 언급했던 박재권 이등중사도 화살머리고지를 뺏거나 혹은 지키는 전투에서 전사했을 것이다. 수많은 전사자가 군사분계선을 북쪽으로 넓히는 과정에서 목숨을 잃었다. 한국전쟁 중 전선이 급격히 변동하던 첫 1년 동안 희생된 군인들보다 휴전회담 2년 동안 벌어진 고지전에서 죽은 군인들이 훨씬 많았다고 하니 이것만으로도 고지전의 비극은 충분히 짐작할 수 있을 것이다.

차영근의 전시 수첩

이제 차영근이 수첩에 쓴 일기를 통해 한국전쟁을 만나보자. 그의 일기에는 치열한 고지전에서 겪은 고난과 전쟁에 대한 회의감을 토로하는 내용이 자주 눈에 띈다. 이해하기 쉽게 약간 윤문을 했으며, 해독되지 않는 부분은 'ㅇ'로 표시했다. 내용이 다소 길지만 당시 분위기를 이해하는 데 도움이 될 것이다.

1951년 3월 2일

오전 4시 적의 불의의 습격을 받았다. 그리하여 평창군 진부면 진부리에서 중대 CP(지휘소)로부터 고지 주력이 있는 데로 이동하여 날이 샜다. 그 후 연락차 대대장에게 갔다. 또다시 연락으로 고지에 왔다. 적에게 포위되어 1300고지에 6시간 몰래 엎드려 있고, 어떤 독립 가옥에서 11시간 몰래 숨어 아군이 재탈환할 때까지 있었다. 6차례에 걸친 인민군의 수색이 있었으나 천장 속에서 숨어 살았다. 그리하여 발에 얼음이 박히며, 천장에서 소변을 보았다. 아! 잊지 못할 대관령…… 아 나의 생명!

8월 12일 일 비

오늘도 비가 온다. 나의 호에서 ㅇㅇ(우물?)을 판다. 물이 난다. 이 물을 받아 세수를 한다.

8월 23일

오늘은 우리 부대가 이동하는 날이다. 오늘 이동하는데 벌써 비가 내린 지 1주일, 비가 와도 이동하지 않으면 안 된다. 그리하여 산악 80리가 넘는 이 험한 길을 걸었다. 그리하여 강원도 고성군 고수동면

984고지에 밤 8시 30분에 도착. 비를 맞고 산 위에서 떨면서 날을 새 웠다. 어쩌나 인민군이 많이 죽었는지 냄새에 코를 들 수 없다. 호(壕) 속에 사체. 그 위에 앉았다. 아…… 인간의 일생 험하다.

8월 24일 금 맑음
오늘부터 교전이 개시. 중대는 부상자 8명 발생함. 전투는 치열함.

8월 25일 토 맑음
924고지로부터 751고지로 전진. 계속 전투가 치열함. 중대장 부상당함.

8월 26일 일 맑음
계속 전투. 적의 포탄이 심히 떨어진다. 눈코 뜰 새 없다.

8월 28일 화 비
비는 계속하여 내린다. 11사단 20연대는 884고지를 점령하였다. 오늘도 포탄은 계속 떨어진다. 호가 무너져서 2명 부상을 당하였다. 중대장이 없어 다른 날보다 더 바쁘다.

8월 29일 수 흐림
오늘도 적은 끊임없이 포를 쏘아 포진지에 두 방이 떨어져 2명이나 전상(戰傷)당하였다. 전투는 계속된다. 6중대 공격하였으나 성공치 못하였다.

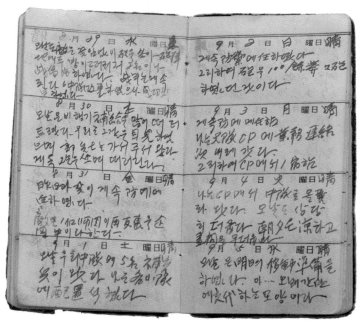

전시 수첩 1 차영근은 손바닥만 한 작은 전시수첩에 매일의 사건과 단상을 기록했다. 짧은 글 속에 한국전쟁의 참상이 담겨 있다. (박건호 소장)

8월 30일 목 맑음

오늘은 비행기 보급품을 많이 떨어뜨렸다. 우리는 그것을 목격하였으며 일부 병사가 가서 주위 왔다. 계속 포를 쏘며 떨어진다.

9월 18일 화 맑음

오늘도 전진. 약 2.4킬로미터 진격하였다. 지뢰에 2명 부상당하였다.

지긋지긋하다.

9월 20일 목 맑음

175고지에서 대강리로 이동. 밤과 감자를 삶아 먹었다. 보급이 되지 않았다. 아…… 배가 고프다. 그러나 군심(軍心)으로 버틸 뿐이다.

9월 22일 토 맑음

적의 반격. 야간 포사격을 실시함. 그리하여 미명(未明)에 적을 완전 격퇴함.

10월 3일 수 맑음

○○호를 완전히 구축하였다. 손바닥이 부르텄다.

10월 12일 금

월미산 공격이다. 중대는 포로 6명, 장총 2정, 88포판 1대를 노획하였다. 금일은 1, 2목표를 점령하였다.

10월 14일 일 비

오늘은 어제의 공격을 계속하여 월미산을 완전히 점령하였다. 대성공이다.

11월 1일 수 비

아침부터 비가 내리기 시작하여 하루 종일 비가 와서 호가 샌다. 모두 골치를 앓는다.

11월 2일 목 흐림

오늘은 어제 비가 내린 것에 개의치 않고 계속 오나. 먼 산에는 눈이 하얗게 왔다. 백설이 날린다. 나는 공격 준비를 위해 포진지를 구축하였다.

11월 12일 일 비

적의 기습이다. 약 1개 연대가 기습하여 반수 이상의 사상자를 내고 도망쳤다. 적은 완전 실패하고 도주하였다. 내가 OP에 나온 후 적 기습으로는 처음이다.

치열한 고지전의 상황이 생생하게 느껴지지 않는가?

차영근의 수첩에는 고지전에 대한 이야기만 나오는 게 아니다. 전쟁 중에도 가족과 고향을 그리워하는 마음이 진하게 담겨 있다. 특히 전사(戰死)를 대비하여 손톱, 발톱, 머리카락을 자르면서 어머니를 생각하고, 가족의 편지를 받고 우는 대목이나 후방 지역 작전 중 자신의 고향과 친척 집 앞을 지나면서 잠시 들르지도 못하고 편지만 써놓고 가는 대목에서는 그의 애잔한 슬픔이 느껴진다.

고지의 병사들 1953년 철원 서부 지역 고지에서 병사들이 적의 동태를 살피고 있다. (출처: 브리태니커)

1951년 7월 30일 월요일 흐림

오늘 사단 3첩장과 경향신문사 기자단이 중대 일선 생활을 시찰하였다. 오늘도 집에서 편지가 아니 오는구나. 그리운 남쪽을 바라본다.

8월 20일 월 비

오늘은 전사(戰死)를 대비하여 ○○을 만들었다. 손톱, 발톱, 머리카락 등 나는 이것을 만들 적에 문득 고향이 그리웠으며 모성(母性) 등에 대하여 새삼스럽게 생각났다.

9월 15일 토 맑음

오늘은 추석이다. 둥근 달을 바라보니 고향 산천이 새삼스럽게 생각나며 오늘도 소금을 찍어서 저녁을 먹었다. 탄식…….

9월 16일 일 맑음

오늘도 저 달은 둥글다. 어머니, 아버님도 저 달을 바라보시겠지. 아…… 산악의 추석.

10월 20일 토 비

형님과 동생의 서신을 받았다. 정근의 사진과 어머니, 아버지의 사진 또한 받았다. 사진을 손에 드니 눈물이 앞을 가린다. 아…… 어머니…….

12월 17일 일 흐림

다시 금산 방면으로 출발하여 금산 40리를 앞두고 하차하여 조식함. 고지 1개 배치되었다. 나는 백부 집 앞을 지나면서 말 한마디 못하고 편지만 써서 떨어뜨렸다. 임실을 지나면서도 편지만 떨어뜨렸다. 그 심중이야말로 이루 말할 수 없었다. 내 고향을 지날 때의 심중이야말로…….

이 와중에 차영근에게 더 큰 아픔이 찾아온다. 1952년 1월 7일 아버지의 부고를 받게 된 것이다. 그러나 전쟁 중 군인이 그것도 소대장이 장례를 치르러 가는 것은 난망한 일이었다. 차영근은 속으

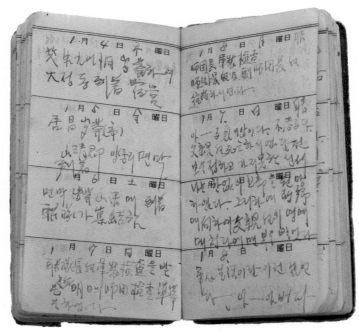

전시 수첩 2 차영근의 일기 중 1월 7일과 8일 부분이다. 아버지의 부고를 들은 직후 여서인지 다른 날에 비해 글씨체가 매우 거칠고 흐트러져 있다. 글씨도 울고 있다. "아…… 子息이 않이다. 不孝子다"로 시작해서 "아…… 아버지……"로 끝나고 있다. (박건호 소장)

로 울고 또 울었다. 그날 일기에서 그는 자신을 불효자로 한없이 자책하고 있다. 할 수 있는 것은 고향 쪽을 바라보고 아버지의 명복을 비는 일뿐. 애당초 전쟁은 개인의 희노애락 따위에는 관심이 없었다. 그렇게 전쟁은 난폭하고도 잔인한 것이었다.

1952년 1월 7일 일 맑음

아…… 자식이 아니다. 불효자다. 부친이 돌아가셨다는 전보를 접하고 가지 못한 신세. 나는 한없이 상부(上部)를 원망하였다. 그리하여 고향을 향하여 아버님 영전에 명복을 빌고 또 빌었다.

1월 8일

군인 생활이란 이런 것인가. 아…… 아버지…….

1월 9일 화 맑음

산청에서 진주, 하동을 거쳐 신흥에 도착 방어. 돌아가신 아버지에게 무어라고 사죄하면 좋을지……. 솔직히 말하면 자식은 부모를 생각지 않는다고 하여도 과언이 아닐 것이다. 아버님이 돌아가셔도 가보지 못한 이 불효자…….

총은 내려놓았지만

이 일기가 끝난 시점 이후 차영근이 어떻게 되었는지 우리는 알 수 없다. 수첩만 남아 있을 뿐이다. 얼마 후 전쟁은 끝이 났다. 아니 정확히 말하면 전쟁은 중단되었다. 1953년 7월 27일 서명된 휴전협정 규정에 따라 쌍방 군대의 접촉면을 따라 군사분계선이 그어졌다. 경기도 파주시 임진강 하구에서 강원도 고성군 명호리 동해안에 이르는 총 248킬로미터의 선이다. 이 선이 바로 '휴전선'이다. 3년여 전쟁의 결과 38선이 휴전선으로 바뀐 것이었다. 그 과정에서 많은 젊은이가 목숨을 바쳤다. 그들이 지키려던 고지에 그들은 유골로 남아 역사를 증언하고 있다. 그리고 아직도 흐느끼며 누군가가 자신들을 찾아내어 고향의 가족 품으로 데려다주길 간절히 바라고 있을 것이다.

10

포로수용소에서 온 편지

청년 권봉출은
어떻게 북한군
포로가 되었나?

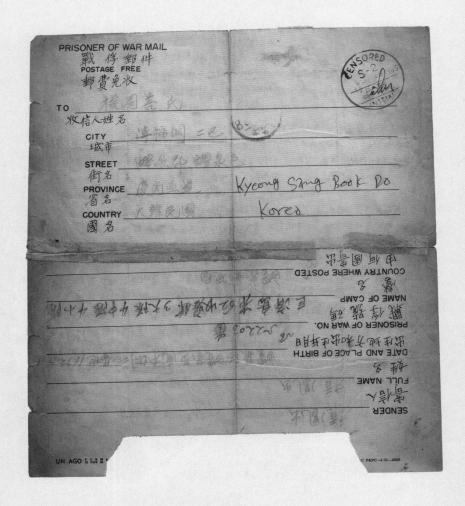

포로수용소에서 온 편지 1952년, 20.2×22.9cm, 박건호 소장.

1952년 1월 거제도 포로수용소에서 북한군 포로 권봉출(權鳳出)이
예천에 있는 부모님에게 보낸 편지다. '부모님 전상서'로 시작하는 절
절한 내용을 연필로 정성스럽게 또박또박 써 내려갔다. 경북 예천 출
신의 청년 권봉출은 어떻게 북한군 포로가 된 것일까?

·부모님 전상서

시스가 북방하고 추운 과운이 닥친 이때 부모님께서는 몸성이 계시옵나이까
그리고 과실이 가까운 할머니는 어떠신지 안세식추의 가족 일찌 라도 누가 한 분 빅차게
길말 찬 없사 가시에 얼끼어 에에 따라서는 가진 풍화 와 흐름 라 고생은 얼마나
계시며 얼판 홀로 이자식이래야 단하나 잇는것 집을 떠난뒤 부모되 효로 하로 하로
에 닥차온 걱정과 생각은 얼마나 하였겟음니까.

그러나 바드 집 떠난 이후 아모 몸에 올이 나 고향에서 부모어 따뜻한 사랑을
받을 때와 마찬 가지로 지근은 적제도(트해홈) 프르우옹소 에서 육동한 이 복에
적양한 식산와 고기(용면)에 원소로서 붐정강하 이탕에 칭구들과 함께 제미잇는
지난과 상오간 예정으로서 하로하로 사러가는줄 모르게 가까와 오늘 적양의 기일을
고대하고 잇를다음어. 부모님께서는 아모 걱정없이 세식구 들아 얌마 육습으로
세는 가정을 이룰다면 타향에 잇는 출호이지 시일지라도 손꼽아 바나이다
그러고 큰집에 각운들은 움면 이동제식고 친근 행님은 집에 계시는지 걱정이 되면

엇다운 분이 버저 존어머니. 큰행님은 무전이 갈 계심어가 부셔 나의 걱정은 아니 고
온만이 계시시요. 작년 겨울 즌 움면이 부산에서 지넷다 올 봄에 부산에서 거게도로
이동 올제 부산 게시는 고모와 고모부를 만게 올제 떠뜻한 일이라 무한이 울튼
그멀을이 이움는 사문 하니다 하란배러 온누나 도 어덕게해서 고모 바집에 와 잇다
는 경열관을 봅엇나다. 무엇보다 아자식의 부락은 몸 성아를 게시다가. 때가 들아
갈 때여는 할머니 그리고 아버지와 어머니 를 만나 화와 한 가정을 이루게 된다면 얼
마나 즐검음가. 그리고 룬 자랏는 누어머 과 어린 아지에을 어린 일 에 고생 하겟음니까
그리고 검다운 동리 사람들에 안부 드리며 이만으로 끈치나다 룸면어 계심시요

자식 봉출 씀.

1951
428 12月 13日

어머님! 나는 사람을 죽였습니다.

그것도 돌담 하나를 사이에 두고 십여 명은 될 것입니다.

너무나 가혹한 죽음이었습니다. 아무리 적이지만 그들도 사람이라고
생각하니

더욱이 같은 언어와 같은 피를 나눈 동족이라고 생각하니 가슴이 답
답하고 무겁습니다.

어머님! 전쟁은 왜 해야 하나요?

한국전쟁 중 포항전투에서 학도의용군(學徒義勇軍)으로 싸우다
전사한 동성중학교 3학년 이우근이 남긴 일기다. 이렇듯 한국전쟁
당시 군인들만 싸운 것이 아니라 이우근 같은 학생들도 학도의용
군으로 참전하여 목숨을 잃는 경우가 많았다. 그런데 우리가 아는
학도의용군과는 전혀 다른 의미의 '의용군(義勇軍)'이 있었다. 권봉

출(權鳳出)! 우연히 알게 된 그는 이우근과 같은 나이의 의용군이었다.

2016년 '권봉출'에 대한 자료 여러 점을 한 묶음으로 수집했다. 자료는 각종 상장과 졸업장, 성적표 들이었는데, 내가 관심을 가졌던 이유는 그 속에 섞여 있던 편지 한 통 때문이었다. 검열인이 뚜렷이 찍혀 있는 이 편지는 뜻밖에도 한국전쟁 중이던 1952년 1월 북한군 포로를 수용하던 거제도 포로수용소에서 권봉출이 고향인 경북 예천에 사는 아버지 권주선에게 보낸 것이었다.

포로수용소에서 온 편지라니! 게다가 북한군 포로의 고향이 당시 남한 땅인 경북 예천이라니! 권봉출에게는 어떤 사연이 있었던 것일까?

먼저 경북 예천 출신의 권봉출이 어떻게 북한군 포로가 되었는지부터 살펴보자. 두 가지 가능성이 있다. 하나는 그가 전쟁 전 월북하여 북한군에 정식으로 입대해 전쟁 발

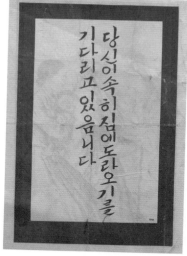

한국전쟁 당시 유엔군이 북한군에게 뿌린 선전 삐라(앞뒷면) (박건호 소장)

발과 함께 내려왔다가 포로로 잡힌 경우, 또 하나는 전쟁 발발 후 남한에서 북한군에 편입된 경우이다. 그중 첫 번째는 가능성이 희박하다. 수집품 중에 그의 성적표가 있는데, 그걸 보면 권봉출은 예천서부공립국민학교를 졸업하고 바로 예천공립농업중학교로 진학했음을 알 수 있다. 게다가 한국전쟁이 발발하기 한 달 전인 1950년 5월 27일 발급된 성적표도 수집한 자료에 섞여 있었다. 그러니 권봉출은 전쟁 발발 당시 예천에 살던 대한민국 국민이었다. 그렇다면 권봉출이 전쟁이 일어난 뒤에 북한군에 들어갔다는 것인데, 남한 청년이 어떻게 북한군이 되었을까?

한국전쟁과 의용군

권봉출의 북한군 편입을 이해하기 위해서는 한국전쟁 당시 '의용군'에 대해 알아야 한다. 의용군의 사전적 의미는 '국가나 사회의 위급 상황에서 민간인의 자발적 참여로 조직된 군대'다. 의용군 하면 앞에서 소개한 이우근처럼 대한민국의 학생들이 자발적으로 참전했던 '학도의용군'을 떠올리기 쉽다. 그런데 한국전쟁 때 또 다른 의용군이 있었다. 북한이 남한을 침략했을 때 남한에서 징발한 청장년으로 구성된 부대도 '의용군'이라 불렸다. 이름만 보면 자발적으로 입대한 것 같지만 징발된 사람들이 대부분이었다. 이렇게 북한이 남한의 청년 학생들을 징발한 결정적 이유는 남북한의 인구 차이 때문이다. 해방 당시 한반도 전체 인구 중 38선 이남의 인구가 약 2,000만 명이고, 이북의 인구는 약 1,000만 명이었다. 남북의 인구 비율을 2 대 1 정도로 보면 된다. 지금도 남북 인구는 대략 남한이 5,000만 명이고, 북한은 2,500만 명이다. 그러니 북한 입장에서는 한국전쟁 발발 초기 남한을 장악해가면서 총을 들 만한 청장년이나 학생들을 징발해 전투력 강화를 모색할 수밖에 없었다. 이 남한 출신의 젊은이들이 의용군의 이름으로 북한군에 편입되어 싸우다가 한국군·유엔군에 잡히면 그는 영락없이 북한군 포로가 되었다. 여기에 한국전쟁의 특수성이 있다.

사학자 김성칠이 쓴 한국전쟁 당시 일기에 이런 의용군 모집에 대한 이야기가 여러 번 나온다. 그는 전쟁 중 석 달간 서울에서 북한의 통치 아래 겪었던 일을 일기로 꼼꼼히 남겨놓았다(《역사 앞에서》, 창비, 2009). 1950년 7월 11일자 일기에는 북한 당국이 모든 기관을 동원해 남녀 청년들을 의용군 대열로 끌어들이는 내용이 나온다. 마을, 학교, 직장 가리지 않고 젊은 사람들을 의용군으로 모집하는 것도 모자라 길거리에서 젊은 사람을 강제로 끌고 가는 일도 있었다. 전쟁의 승기를 잡고 있던 북한군 입장에서는 싸울 수 있는 사람이라면 누구든 전쟁에 동원해 초반에 전쟁을 끝장낼 요량이었다. 당시 미국 CIA 보고에 따르면 서울 학생의 절반 이상이 북한군에 입대했다고 한다. 젊은 사람들은 강제 징발을 피하고자 산으로 피신하거나, 집에 비밀 공간을 마련해 숨기도 했다. 그런 탓에 거리에서는 젊은 사람들의 자취를 찾기 어려웠다. 7월 12일자 일기

북한군 포로 1950년 9월 15일 인천상륙작전 당시 잡힌 북한군들이 몸수색을 받고 있다. (미국 국립문서기록관리청 소장)

에는 학생들이 의용군 입대를 결의하는 궐기대회 장면을 기록했는데, 이날 일기를 보면 왜 그렇게 많은 학생이 의용군에 들어갔는지 그 사정을 짐작할 수 있다. 일기를 요약하면 이렇다.

어느 학교에서 궐기대회가 열렸다. 먼저 좌익 학생들이 단상에 올라가 '미제국주의와 이승만 매국도당'을 쳐부술 것과 '조국통일 전쟁'의 당위성을 역설하면서, 이 '성스러운 전쟁'에 동참할 것을 호소한다. 그러면 그 대열 속에서 "옳소! 옳소!" 하는 소리가 터져 나온다. 일종의 바람잡이인 셈이다. 장내 열기가 뜨거워질 무렵 사회자는 때를 놓치지 않고 모두 의용군에 지원할 것을 제안한다. 다시 "옳소! 옳소!" 하는 외침이 들려오고 사회자는 "만장일치로 찬성하는 것 같지만, 혹시 모르니 이 결의에 반대하는 사람이 있으면 반대 의견을 내보라"고 한다. 하지만 이런 분위기에서 반대 의견을 말하기도 쉽지 않을뿐더러 학생들 사이에서 바람잡이 노릇을 하는 좌익 계열 학생들이 반대 의견을 말하면 좋지 않을 거라는 식의 협박을 하는 통에 다들 아무 말도 못한다. 곧이어 사회자는 전교 학생 모두가 의용군에 지원할 것을 만장일치로 결의했다고 선언하고, 궐기대회에 참가한 학생들은 한 명씩 의용군 지원서에 서명 날인을 한다. 그러고는 미리 만들어둔 '○○중학교 전원 의용군 지원'이라는 플래카드를 들고 시가행진을 함으로써 궐기대회는 마무리된다.

남한의 많은 학생이 이런 방식으로 전쟁터로 내몰렸다. 이런 분위기의 궐기대회에서 반대 의사를 표하거나, 지원서 서명 날인을 거부하거나 시가행진에 참여하지 않는 것은 목숨과 맞바꿀 정도의 용기가 필요했다. 결국 많은 청년과 학생이 떠밀리듯 지원해 형식적인 심사를 거친 뒤 바로 의용군으로 출전했다. 그러니 부모 형제에게 인사라도 변변히 하고 떠났겠는가? 아마 부모들은 학교에 간 자녀가 집에 돌아오지 않는다고 한바탕 난리가 났을 것이다. 하지만 그걸로 끝! 지금이 어떤 시국인데, 그런 사사로운 감정과 불평을 늘어놓는단 말인가. 전시 상황은 모든 부조리와 불합리를 합리화한다. 결국 부모와 자식은 생이별을 하게 된다.

포로수용소, 또 하나의 전쟁터

다시 권봉출 이야기로 돌아가보자. 수집품에 섞여 있던 권봉출의 호적 자료에 따르면, 그는 일제강점기인 1934년 4월 예천에서 태어났다. 아버지는 농사를 짓는 권주선, 어머니는 함경도 갑산 출신의 강만순이었고, 위로 여덟 살 많은 누이 권수기가 있었다. 이렇게 네 식구가 예천에서 단출하게 살았다. 권봉출은 해방 후 대한민국정부가 수립되기 직전인 1948년 7월 예천서부공립국민학교를 졸업하고, 바로 예천공립농업중학교에 진학했다. 한국전쟁이 터진 1950년에 봉출은 농업중학교 3학년에 재학 중이었고, 나이는 17세였다. 전쟁 직후 권봉출은 고향인 예천에서 북한군에 의해 의용군에 강제 편입되었다. 편입 과정과 일시, 장소는 편지를 비롯해 나머지 수집 자료만으로는 전혀 알 수 없다.

그렇다면 다른 방법으로 권봉출에 대한 흔적을 찾을 수는 없을까? 이런저런 시도 끝에 '6·25전쟁 납북인사가족협의회' 홈페이지(www.kwafu.org)의 '전쟁납북자 명단-납북인사 DB'에서 전쟁 중 납북자를 검색할 수 있다는 것을 알게 되었다. 이 데이터베이스에는 총 11만 2,000여 명의 납북자 명단이 있는데, 그중 '50년 서울 피해자 명부'는 권봉출과 무관하다. 그는 당시 경북 예천에 있었기 때문이다. 권봉출의 경우 '52년 피납치자 명부'에서 찾는 게 더 나을 듯싶었다. 이 명부는 1952년 대한민국 정부가 휴전회담에서 납북자 송환을 요청하기 위해 작성한 최초의 전국 단위 납북자 명부로,

권봉출의 졸업장 권봉출이 1948년 7월 예천 서부공립국민학교를 졸업하고 받은 졸업장이다. (박건호 소장)

8만 2,854명의 명단이 수록돼 있고, 특히 의용군 명단이 가장 많이 포함된 것으로 알려져 있다.

'52년 피납치자 명부' 검색란에 '권봉출'을 입력했더니 놀랍게도 검색 결과에 권봉출의 이름이 있다. 거기에 등록된 정보에 따르면 '권봉출(權鳳出)'은 17세 학생으로, 주소는 예천읍 청복동 이구이다. 납치일은 1950년 8월 25일, 납치 장소는 주소지다. 권봉출이 포로수용소에서 보낸 편지 봉투의 고향 주소와 일치한다. 동일 인물임이 확실하다. 이 검색 자료를 통해 같은 날, 같은 마을에서 총 25명이 납치된 사실도 확인할 수 있었다. 25명 중 김종성, 박종진은 17

세로 권봉출과 동갑이었던 것으로 보아 동리 친구였을 것이다. 뒤에서 보겠지만 봉출이 쓴 편지에 "고향의 친구들과 함께 재미있는 장난과 상호 간의 정으로써 하루하루 시간 가는 줄 모르게" 지내고 있다는 대목이 있는데, 거기서 말한 고향 친구들은 분명 이들일 것이다.

이렇게 권봉출은 전쟁이 일어나고서 두 달 뒤인 8월 25일 동리 친구 김종성, 박종진 등과 함께 자신의 고향에서 의용군으로 징발된 것이다. 8월 말 당시는 낙동강을 사이에 두고 북한군과 한국군·유엔군이 치열하게 싸우고 있었다. 이때 의용군으로 징발된 봉출과 친구들은 평생 처음 잡아보는 총을 들고 한국군·유엔군뿐만 아니라 전쟁의 두려움과도 싸웠을 것이다. 그러다가 9월 15일 인천 상륙작전과 9월 28일 서울 수복을 계기로 북한군이 고립되었을 당시 포로로 잡힌 것으로 보인다. 전쟁포로 권봉출은 잠시 부산의 포로수용소에 있다가 봄이 되자 거제도 포로수용소로 이감되었다. 그는 거제도 제62수용소 3대대 4중대 4소대 소속이었으며, 포로번호는 52203번이었다.

봉출이 포로로 잡혀 포로수용소에 갇혔다고 해서 그의 전쟁이 끝난 것은 아니었다. 그는 그곳에서 새로운 전쟁을 겪게 된다. 전선은 38선과 낙동강, 압록강 그리고 고지에만 있지 않았다. 포로수용소는 또 하나의 전선이었다.

권봉출, 그는 원래 대한민국 국민이었으나 전쟁 중 북한군에 징발되어 의도치 않게 의용군으로 참전했다가 붙잡힌 전쟁포로였

임시 수용된 전쟁포로 1950년 9월 23일, 포로들이 철조망이 둘러쳐진 집결지에 임시로 수용되어 있다. 'HOME SWEET HOME(즐거운 나의 집)'이라는 팻말이 전쟁포로가 된 이들의 처지와 극명한 대조를 이룬다. (미국 국립문서기록관리청 소장)

다. 북한군 포로라 하더라도 정식으로 입대해 참전한 북한군 포로가 있는가 하면, 남한에서 북한 의용군으로 강제 편입되었다가 포로로 잡힌 이들도 있어 정치적 성향이 다를 수밖에 없었다. 그런데 유엔군이 전쟁포로들을 수용할 때 공산군 측 포로라 하더라도 서로 이념이 다를 수 있다는 점을 고려하지 않은 채 장교, 여성, 중국군, 북한군 등 일반적인 기준으로만 포로를 분류해 수용했다. 초기에는 서로 이념이 달랐는데도 불구하고 대체로 평온한 분위기였다. 그러나 휴전회담에서 유엔군 측이 '자동송환'이 아닌 '자유송환'을 주장하고 있다는 사실이 알려지면서 포로들 간에 갈등이 일기 시작했다.

전쟁 발발 약 1년 뒤인 1951년 7월부터 시작된 휴전회담에서 가장 큰 쟁점은 포로 송환 문제였다. 군사분계선 문제가 4개월 만에 타결되었다면, 포로 송환 문제는 무려 1년 6개월을 끌었다. 쟁점이 된 이유는 위에서 말한바 포로의 정치적 성향이 균일하지 않았기 때문이다. 공산군 측은 당시 국제 관행이었던 제네바협정이 규정한 '자동송환'을 주장했다. 북한군 복장을 하고 싸운 포로들을 모두 북한으로 돌려보내면, 한국군 포로들도 모두 남한으로 돌려보내주겠다는 것이다. 매우 간단해 보이는 방식이지만, 북한군 포로 중 반공포로는 어떻게 할 것인가? 권봉출처럼 의용군으로 징발되었다가 잡힌 포로들을 북한군 포로라는 이유로 북으로 보내면 그들은 가족도, 학교도, 직장도 없는 북한에서 어떻게 살란 말인가? 이러한 특수성 때문에 당시 유엔군을 대표한 미국은 포로들이 자유의사에 따라 원하는 체제를 선택할 수 있도록 '자유송환(자원송환)' 방식을 주장하게 된다. 이런 유엔군 측 주장의 이면에는 포로 심사를 통해 더 많은 포로를 남겨 휴전은 하되 명예로운 휴전을 하겠다는 계산도 깔려 있었다. 즉, 다수의 포로가 공산세계를 거부하고 자유세계를 선택하면, 이는 자유세계 체제의 우월성을 선전할 수 있는 좋은 기회가 될 것이기 때문이었다. 포로 송환 문제

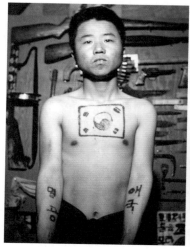

공산포로와 반공포로

(왼쪽) 북한군 소년 포로는 처음에는 반공포로로 분류되어 수용되었다. 몇 개월 후 이 소년이 공산포로 수용동으로 옮기겠다고 요청하자 반공포로 수용동에서는 이 소년을 처형하는 대신 보내기 전 몸에 태극기 그림과 '멸공', '애국'이라는 글자를 새겼다. (미국 국립문서기록관리청 소장)

(오른쪽) 북한 송환을 거부한 북한군 반공포로들이 포로수용소에서 풀려난 뒤 태극기를 흔들면서 기뻐하고 있다. (미국 국립문서기록관리청 소장)

는 1년 6개월을 끌다가 결국 자유송환 방식으로 결정되었다. 이제 전쟁포로들은 남쪽과 북쪽 중 어느 곳이라도 선택할 수 있고, 그도 저도 싫으면 중립국을 선택할 수도 있게 되었다. 최인훈의 소설 《광장》에서 주인공 이명준이 남과 북 모두를 버리고 중립국행 배를 타게 된 것도 자유송환 방식이 채택되었기 때문에 가능했다.

이렇듯 휴전회담에서 자동송환이냐 자유송환이냐를 둘러싸고 다투는 가운데 남한의 포로수용소에서도 포로들 사이에 새로운 전쟁이 시작되고 있었다. 자유송환을 위해서는 어쨌든 개인의 의사를 확인해야 했기 때문이다. 그리고 공산포로와 반공포로 들은 자신들의 이념을 지키고자 서로 편을 나누어 극단적으로 싸우고, 이념이 명확하지 않은 다수의 포로에게 자신들의 이념을 강요했다. 이제 포로들은 자신이 원하든 원치 않든 한 체제를 선택할 수밖에 없었다. 어떤 선택을 하느냐에 따라 때로는 목숨이 오갔다.

당시 전쟁포로들은 거제도 포로수용소에 수천 명씩 캠프별로 수용되어 있었다. 포로의 자유의사를 확인하는 심사가 시작되자 공산포로가 장악한 캠프는 반공포로가 나오지 않도록 아예 심사 자체를 거부하고, 내부의 반공포로를 처단하거나 폭력을 사용해 사상 전향을 강요했다. 반대로 반공포로가 장악한 캠프에서는 자체 심사를 통해 송환을 원하는 공산포로를 제거하거나, 심지어 그들의 신체에 '멸공', '대한민국 만세' 등의 문신을 새겨 송환을 포기하도록 강요했다.

권봉출의 편지

1951년 12월 13일 목요일, 권봉출이 포로수용소에 들어온 지도 벌써 1년, 고향을 떠난 지는 1년 반이나 되었다. 봉출은 강제로 의용군에 편입되어 고향 예천을 떠난 뒤 처음으로 부모에게 편지를 썼다. 그는 부모에 대한 그리움을 담아 한 자 한 자 또박또박 써 내려갔다. 주소는 모두 한자로 쓰고, 편지 내용은 한글로 썼다. 휴전회담이 시작된 지 5개월이 지났으나 포로 송환 문제를 둘러싸고 대립이 극심해서 전쟁이 언제 끝날지 알 수 없는 상황이었다. 봉출은 이제 수용소 생활에 익숙해져 큰 어려움이 없었다. 게다가 혼자가 아니라 고향 친구들도 있어서 견디기가 훨씬 나았다. 이 편지의 겉면에는 검열을 거쳤다는 뜻의 'CENSORED'라는 도장이 찍혀 있고, 날짜는 12월 28일로 되어 있다. 봉출이 편지를 쓰고 보름이나 지나서 검열 후에 발송되었음을 알 수 있다. 그렇다면 이 편지는 해를 넘겨 1952년 1월에나 그의 부모에게 전해졌을 것이다. 생사를 알지 못해 애태웠을 부모는 이 편지를 받고 비록 포로로 잡혀 있긴 하지만, 그래도 살아 있다는 소식에 감격했을 것이다. 게다가 봉출은 이 집안의 유일한 아들이 아닌가? 비록 전쟁 중이었지만 그 가족에게는 1952년 새해가 축복으로 시작되고 있었다. 고향 부모에게 전달된 봉출의 편지는 다음과 같다.

부모님 전상서
시세가 복잡하고 추운 겨울이 닥친 이때 부모님께서는 몸성히 계시옵나이까?
그리고 팔십이 가까운 할머니는 어떠신지. 단 세 식구의 가족일지라도 누구 한 분 벅차게 일할 분 없이 가사에 얽매어 때에 따라서는 갖은 풍파와 고통과 고생은 얼마나 계시며, 또한 불효 이 자식이래야 단 하나 있는 것 집을 떠난 뒤 부모 된 죄로 하루하루에 닥치는 걱정과 생각은 얼마나 하였겠습니까?

그러나 저는 집 떠난 이후 아무 몸에 탈 없이 내 고향에서 부모의 따뜻한 사랑을 받을 때와 마찬가지로 지금은 거제도 포로수용소에서 툭툭한 이불에 적당한 식사의 유엔의 원조로써 몸 건강히 고향의 친구들과 함께 재미있는 장난과 상호 간의 정으로써 하루하루 시간 가는 줄 모르게 가까워오는 석방의 기일을 고대하고 있을 따름이니 부모님께서는 아무 걱정 없이 세 식구 둘러앉아 웃음으로 지내는 가정을 이룬다면 타향에 있는 불효자식일지라도 손꼽아 비나이다.

그리고 큰집의 가족들은 몸 편히들 계시고 작은형님은 집에 계시는지 걱정이 되며 정다운 큰아버지, 큰어머니, 큰형님은 몸 편히 잘 계십니까? 부디 저의 걱정은 마시고 몸 편히 계십시오. 작년 겨울은 몸 편히 부산에서 지냈고, 올봄에 부산에서 거제도로 이동 올 제 부산 계시는 고모와 고모부를 만났을 때 뜻밖의 일이라 무한히 울던 그 얼굴이 지금도 사무칩니다. 피란 내려온 누나도 어떻게 해서 고모네 집에 와 있다는 걸 얼핏 들었습니다. 무엇보다 이 자식의 부탁은 몸성히들 계시다가 제가 돌아갈 때는 할머니 그리고 아버지와 어머니를 만나 화락한 가정을 이루게 된다면 얼마나 좋겠습니까? 그리고 혼자 있는 아주머니 그 나어린 여식애를 데리고 얼마나 고생이겠습니까? 그리고 정다운 동리 사람들에게 안부 드리며 이만 그칩니다. 몸 편히 계십시오.

1951년(4284) 12월 13일 자식 봉출 씀

봉출은 편지를 쓰며 정든 고향 산천과 가족들이 생각나 연신 눈물을 흘렸을 것이다. 열일곱 살 학생이 겪기에는 너무 가혹했다. 그런데도 편지에는 부모를 위한 마음인지 고생스럽다는 말을 한마디도 하지 않았다. 편히 잘 지내고 있다고 부모를 안심시키고 있다. 전쟁은 이렇듯 어린 학생을 의젓한 청년으로 바꿔놓았다. 그리고 그는 '가까워오는 석방의 기일을 고대'하며, 돌아가서 다시 단란한 가정을 이루게 될 희망을 적어놓았다. 봉출이 당시 휴전회담의 추이를 지켜보면서 곧 석방되리라는 희망을 품고 하루하루를 버텼음을 알 수 있다. 이렇듯 의용군으로 싸우다 포로가 된 예천 학생 권봉출의 편지는 보통 사람들의 일상을 무너뜨린 전쟁의 비극을 증언하고 있다.

이후 그가 이승만 대통령의 전격적인 반공포로 석방 때 수용소를 탈출했는지 아니면 휴전협정 체결 뒤 정식으로 심사를 받아 자유의사에 따라 고향 예천으로 돌아갔는지는 정확히 알 수 없다. 그는 전쟁이 끝날 즈음에 탈출이든 석방이든 풀려났을 것이고 비로소 가족과 눈물겨운 상봉을 했을 것이다. 이후 삶에 대해서는 더더욱 알 수 없다. 다만 다른 여러 사례를 통해 보건대, 권봉출은 자유민으로 풀려난 뒤 얼마 지나지 않아 다시 한국군으로 입대해 3년간 군복무를 했을 것이라는 사실 하나는 분명하다. 왜냐하면 그는 북한 의용군으로 징발되기 전에 대한민국 국민으로서 국방의 의무를 이행한 일이 없기 때문이다.

만약 그가 지금까지 생존해 있다면 90세 언저리일 것이다. 그의

예천 주소지로 수소문해보면 그에 대한 소식을 들을 수도 있을 것
이다. 그러나 세상을 떠났을 가능성도 있다. 개인의 자료가 한꺼번
에 경매에 나오는 경우는 보통 유족이 망자의 유품을 내놓은 것일
때가 많기 때문이다. 어찌되었든 역사의 격랑을 만나 북한군 의용
군으로, 또 포로수용소의 포로로 고초를 겪었던 한 평범한 시골 청
년의 아픔과 상처가 담겨 있는 한 통의 편지 앞에 옷깃을 여민다.

11

한국전쟁 중 육상경기대회 기념사진

전쟁도 지우지 못하는 민중의 삶에 대하여

한국전쟁 중 육상경기대회 기념사진
1952년, 14.0×10.5cm, 박건호 소장.

한국전쟁 중 촬영한 '영동학도 육상경기대
회 기념 (우승)' 사진이다. 사진 뒷면에는
'영동지구 올림피아 대회 때 우승을 획득하
면서'라고 쓰여 있다. 전시에 열린 육상대
회라니 의아하지만, 전쟁 중에도 일상을 살
던 사람들의 모습을 확인할 수 있다.

김환기 화백의 〈꽃장수〉라는 그림이 있다. 이 그림에는 수레 가득
꽃을 싣고서 손님을 기다리는 남자와 그 근처에서 바구니에 무언
가를 담아놓고 파는 여인이 등장한다. 꽃수레 뒤로는 멀리 천막
두 동이 보이고, 버스 한 대가 지나간다. 평화로워 보이는 이 그림
은 놀랍게도 1952년 작품이다. 전쟁이 한창이던 때에 꽃장수라니!
혹시 상상으로 그린 건 아닐까?

　나는 처음 〈꽃장수〉를 보고 적이 놀랐다. 전쟁이 죽음과 피란과
절망만으로 채워지는 것이 아니었구나. 현실과 부조화의 극치를
보여주는 그림을 통해 민중의 삶과 생활사가 훨씬 다채로울 수 있
다는 깨달음을 얻었다. 김환기는 〈꽃장수〉를 통해 전쟁 중에도 지
워지지 않는 민중의 생명력과 삶의 견고함을 극적으로 표현했던
것이다.

　한국전쟁으로 한국인의 삶의 기반은 철저하게 무너졌다. 고향

다시 일을 시작하는 수선공 가게가 있던 건물은 포격으로 무너져버렸지만 다시 그 자리에서 일을 시작하고 있는 어느 수선공의 모습이다. 그는 첫 일거리로 국군 보병의 구두 수선을 맡았다. (미국 국립문서기록청 소장)

을 떠나 피란 가는 이도, 피란 중 공습으로 목숨을 잃은 이도 있었다. 전쟁으로 부모를 잃고 고아가 된 아이들도 부지기수였다. 전쟁의 얼굴은 이렇게 폭력적이었다. 그러나 전쟁 중에도 삶은 계속되었다. 생필품을 사고파는 시장이 열리고, 노천 천막 아래에서도 수업을 하고, 교회 종소리와 기도 소리는 평화를 갈구하며 예배당을 가득 채웠다. 사람들은 만나고 웃고 울고 사랑하고 미워하고 싸우고 장난치고 배우고 가르치고 도둑질하고 베풀고 노래 부르고 꽃도 팔고 그랬던 것이다. 어차피 삶 자체가 전쟁이며, 전쟁이란 것도 어찌 보면 삶의 특수한 한 형태인지도 모른다. 애초부터 전쟁과 삶은 분리될 수 없는 것이었다. 또한 전쟁은 역설적이게도 잿더미 위에서 새로운 것을 창조하기도 한다. 고려시대 몽골 침략으로 황룡사가 소실되면서 황룡사 9층 목탑이 사라졌지만, 강화도에서 팔만대장경판이라는 새로운 문화유산을 만들어내지 않았던가?

전쟁 중 사람들의 삶을 상상할 때 그저 죽고 죽이고 쫓고 쫓기고 절규하는 장면만 있다면 미래는 결코 맞이할 수 없는 시간이었을 것이다. 역사의 속살은 단순하지 않을뿐더러 겉으로 보이는 것과 다를 수 있다.

전쟁과 육상대회

수집한 사진 중에 이런 역사의 속살을 엿볼 수 있는 사진이 있다. 어느 고등학교 교사와 학생 들이 찍은 육상대회 우승 기념사진으로, 2017년 4월에 수집한 것이다. 사진에 적힌 연도가 단기 4285년 7월 13일이니 서기로 1952년, 한국전쟁 중에 찍은 것이다. 전쟁 때 육상대회라……. 쉽게 이해가 되지 않는다. 게다가 대회가 열린 곳이 전선과 멀지 않은 지역이어서 더욱 그렇다. '전쟁 중에도 일상이 계속될 수 있을까?' 이 물음이 내가 이 사진을 수집한 이유다.

삼척공고의 교표 삼척공고의 교표는 여러 차례 바뀌었는데, 한국전쟁 때는 맨 오른쪽 것을 사용했다. 육상대회 우승 기념사진 속 학생들의 운동복에 이 교표가 새겨져 있다.

이제 사진 속으로 들어가보자(213쪽 참조).

사진을 찍은 장소는 학교 현관 앞이다. 교사가 20명이고, 학생은 14명, 학생들은 모두 이 학교의 육상선수로 보인다. 사진 아래에 적힌 '嶺東學徒陸上競技大會記念 優勝(영동학도 육상경기대회 기념 우승)'이라는 문구로 보아 강원도 지역의 학교임을 알 수 있다. 영동(嶺東)은 강원도 대관령 동쪽 지역을 일컫는 말로, 지금의 강원도 속초시, 강릉시, 동해시, 삼척시와 양양군 일대를 포함한다. 그런데 학교 현관 처마에 흰색 종이로 붙여놓은 문구가 보인다. '軍警援護 強調月間(군경원호 강조월간)'이라는 문구와 더불어 양옆에 '三○'(왼쪽), '工高'(오른쪽)라고 쓰여 있다. 그러므로 학교 이름은 '삼○공고'이다. 영동 지역에 '삼'자로 시작하는 도시는 삼척 말고는 고등학교가 있을 만한 도시가 없고, 게다가 학생들이 입고 있는 운동복 가운데에 새겨진 '교표'를 검색해보니 삼척공고 교표와 일치했다. 따라서 이 사진은 1952년 7월 강원도 지역 학생 육상대회에 삼척공고 육상부가 출전해 우승한 것을 기념하여 찍은 것임을 알 수 있다.

그런데 전쟁 중에 어떻게 육상대회가 열릴 수 있었을까? 우선 한국전쟁 중 삼척 일대의 상황부터 살피는 것이 좋겠다. 삼척은 북한과 가까운 지역이었지만 다행히 대규모 전투는 비껴갔다. 전쟁 초기에 삼척에 주둔한 국군 제8사단 제21연대는 물밀 듯이 내려오는 북한군을 막기 위해 강릉으로 북상했다. 그러나 역부족이었던지 이 부대는 곧장 제천으로 후퇴하고 북한군은 삼척에 무혈 입성했다. 1950년 7월 1일이었다. 이때 삼척공고 교사(校舍)는 북한군이 접수하여 야전병원으로 사용했다. 삼척공고 학생 중 일부는 피란을 가고, 일부는 학도의용군을 자원해 참전했을 것이다. 또 북한군이 들어온 이후 강제로 의용군에 편입되어 참전한 학생도 있었을 것이다. 전쟁 통에 학교 역시 휴교할 수밖에 없었을 것이다. 그런데 당시 삼척에서 전쟁을 겪었던 이는 "나머지 학생들은 인민군 치하에서 산에 올라가 공부를 했다. 당시에는 대학에 진학을 하면 군대에 가지 않았다"라고 증언했다(《삼척의 6·25전쟁 이야기》 중 김원우의 증언). 전쟁 중에도 학업을 이어가는 학생들이 있었다는 이야기다.

몇 달이 지나 가을이 되었다. 북한군의 공세에 계속 밀리던 전세가 9월 15일 인천상륙작전으로 역전되었다. 한국군의 북진이 시작되면서 9월 30일 강릉과 울진, 삼척이 수복되었다. 그러나 한국군의 빠른 북진으로 미처 후퇴하지 못하고 남한에 고립된 북한군의 잔여 병력이 생겨났다. 그들은 동해안 산악지대 일대를 따라 뒤늦게 북상했는데, 이 과정에서 삼척, 강릉, 주문진의 경찰서와 관공서가 불타고 인명 피해가 다수 발생했다. 그러나 1950년 10월 25일 중국군의 참전으로 압록강까지 북상한 한국군과 유엔군은 다시 후퇴하게 된다(1·4후퇴). 이때 동해안 쪽 전선이 삼척 위쪽 지역인 강릉에서 형성되어 한국군·유엔군과 북한군·중국군 간에 교전이 벌어졌다. 이후 전선이 다시 북상하면서 강릉은 1951년 3월 22일, 주문진은 4월 4일 재탈환했다. 그러니 강릉보다 아래쪽에 위치한 삼척은 1·4후퇴 당시에 북한군이 들어오지도 않았고, 큰 전투도 없었다. 삼척 사람들은 한국전쟁 중 큰 전화를 비껴간 것을 두고 해신(海神)을 잘 모신 덕분이라고들 한다.

다시 사진 이야기로 돌아가보자. 위에서 언급한 대로 삼척은 북한군 치하에 있었던 기간이 그리 길지 않았다. 1950년 7월 1일부터 9월 29일까지 석 달가량이었다. 게다가 1·4후퇴 이후에도 북한군과 중국군이 삼척까지는 남하하지 못했다. 또한 1951년 7월부터 휴전회담이 시작되면서 전투는 오늘날 우리가 휴전선이라고 부르는 그 일대에서만 고지전 형태로 공방전이 지루하게 이어졌을 뿐 그이외의 지역은 전쟁이 끝난 것처럼 차츰 일상을 되찾았다. 1952년 7월 영동 지역 학생들의 육상대회는 이런 상황에서 열렸다. 1952년 7월은 전쟁이 시작된 지 거의 2년이 지난 데다 휴전회담이 시작된 지도 1년이 지난 시점이므로 전쟁 상황에 그런대로 익숙해진 상태

교장과 육상부 주장 뒷줄 가운데 앉은 이가 심호열 교장. 교장 앞에 앉은 학생은 육상부 주장으로 보인다. 운동복 상의에 새겨진 교표가 다른 학생들의 것과 다르다.

였다. 삼척공고 교사와 학생 들도 그사이 학교로 돌아와 지역 학생 육상대회에 참가할 정도로 예전의 일상을 거의 회복했던 것이다.

이 사진의 가운데 줄 왼쪽에서 여섯 번째 인물이 교장으로 보인다. 주변 교사들에 비해 나이가 제일 많이 들어 보일 뿐만 아니라 정중앙에 앉아 있기 때문이다. 옛날에는 단체사진을 찍을 때 가운데 자리가 상석이었다. 속초공고의 연혁을 확인해보니 교장은 1950년부터 1954년 4월까지 재직한 심호열 선생이다.

학생들은 대부분 흰색 운동복과 운동화에 검정색 교모를 썼다. 육상대회 때 입었던 유니폼인 것 같은데, 운동복 상의에 삼척공고 교표가 새겨져 있다. 그런데 교장 바로 앞에 앉은 학생만 운동복에 새겨진 교표가 다르다. 자세히 보면, 교표 양옆으로 줄이 세 개씩 더 그어 있다. 앉은 위치나 특이한 교표 문양으로 보아 그가 육상부 주장이었을 것 같다. 교사들의 복장은 대부분 양복이다. 여성 교사만 한복 차림이다. 남성 교사 중 두 명만 양복 대신 짙은 색 점퍼를 입고 있다. 맨 뒷줄 오른쪽에서 세 번째와 가운데 줄 왼쪽에서 네 번째 인물이다. 둘 다 안경을 썼다. 그중 한 사람은 선글라스를 꼈다. 야외 활동을 많이 하는 인물로 보인다. 이 인물이 육상부를 지도하지 않았을까 싶은데, 서 있는 위치가 학생들과 너무 떨어져 있어서 어색하다. 위치로 봐서는 육상선수들과 가장 밀착해 있고 반쯤 무릎을 꿇고 같이 앉아 있는 두 번째 줄 맨 오른쪽 인물이 지도 교사일 가능성이 높다. 게다가 그가 가장 젊어 보인다.

군경원호 강조 기간

이 사진에는 전쟁 당시의 시대 상황을 보여주는 구호들과 포스터도 보인다. 교사 현관 처마에 붙어 있는 '軍警援護 强調月間(군경원호 강조월간)'이라는 문구뿐 아니라, 현관의 오른쪽 기둥에도 표어와 포스터가 붙어 있다. 거기에는 '군경원호 강조 기간 6월 1일~6월 30일'이라는 표어와 '회비 납부 기간 6월 1일~30일, 군경원호 회비 납부는 후방국민의 의무입니다'라는 문구가 적힌 포스터가

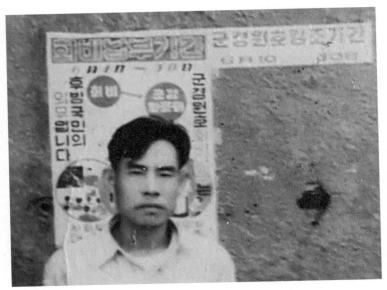

군경원호 포스터 사진의 오른쪽에 서 있는 교사 뒤로 포스터와 표어가 붙어 있다.

흐릿하게 보인다.

'군경원호'는 무슨 뜻일까? 이는 '상이군경(傷痍軍警)'과 관련이 있다. 한국전쟁 중에 전투나 공무를 수행하다 다친 군인과 경찰이 많았다. 그런데 이들에 대한 정부의 보호와 부양 의지는 매우 낮았다. 재정 부족도 한 요인이었을 것이다. 1951년 5월 대한상이군인회, 11월 대한군인유족회 등의 단체가 설립되었지만 상이군경과 유족 들을 실질적으로 지원하기에는 역부족이었다. 느닷없이 닥친 전쟁에 나가 몸을 다친 군인들에게 국가의 도움이 절실했지만, 국가는 그들을 돌볼 겨를이 없었다. 상이군인들은 거리로 나서 직접 자구책을 구할 수밖에 없었다.

정은용의 실화소설《그대, 우리의 아픔을 아는가》에서는 그들의 비참한 삶의 단면을 그리고 있다. 무리지어 관공서나 은행 등에 쳐들어가서 자신들이 갖고 있던 물건들을 강매하거나 돈을 내놓으라고 생떼를 쓰는가 하면, 종종 술에 취해서 서로 싸우고 행인에게 시비를 걸었다. 나라를 위해 싸우다 몸을 다친 자신들의 울분과 비통함을 표현하는 방식이었다. 인근 주민들은 상이군들에게 연민과 고마운 마음도 있었지만, 한편으로는 불안과 불편함을 느낀 것도 사실이었다.

정부는 이런 상이군경을 돕기 위해 1952년 6월을 '군경원호 강조 기간'으로 정하여 관공서, 학교, 주요 기업체 등에 군경원호 사업에 적극 참여할 것을 지시했다. 이 시책에 따라 군경원호 성금 모금, 상이군경과 유가족에 대한 직업보도의 강화, 국공립 병원 및 보건진료소의 무료진료 등이 추진되었다. 〈군경원호의 노래〉도 만들어져 보급되었다. 그 가사는 이렇다.

(1절)　아들은 일선군경 우리의 용사 / 구름떼 달려가듯 쌈터로 가고
　　　　아버지 혼자 남아 도롱옷을 입고 / 아들이 하던 농사 맡아 하시네

(2절)　아들을 보내놓고 혼자 남아서 / 텃밭에서 김매는 늙은 어머니
　　　　그 아들 그 얼굴도 모두 잊고서 / 오늘은 신명 앞에 승리를 비네

상이용사 전역식 1951년 진해 육군사관학교에서 상이용사 전역식이 열렸다. (유엔기록
보존소 소장 / 출처: 국가기록원)

(후렴) 이 나라 위한 그 정성 거룩한 그 마음 / 그를 도와주게 다 같이
　　　그를 도와주세

　그러나 정부의 노력에도 불구하고 국민들의 상인군경에 대한
이해와 협조 부족으로 사업이 원활히 추진되지는 못했다.
　삼척공고 학생들이 육상대회 우승 기념사진을 찍은 날이 1952년
7월 13일이었으니 군경원호 강조 기간이 보름가량 지난 시점이다.
이 사진 속의 낡은 표어와 포스터에는 상이군경들의 비참한 삶과

전쟁의 흔적 학교 건물의 현관 왼쪽, 깨진 유리창에 전쟁의 흔적이 남아 있다.

생존권을 요구하는 목소리, 그들을 돕자는 정부의 구호 등이 뒤엉켜 전쟁의 상처를 증언하고 있다. 얼마 지나지 않아 이것들도 곧 떨어져 나갔을 것이다.

사진 속에는 군경원호 포스터·표어와 함께 전쟁의 상처를 보여주는 것이 또 하나 있다. 깨진 유리창이다. 자세히 보면 학교 건물의 현관 왼쪽으로 교실인지 교무실인지 정확히 알 수 없는 곳의 유리창이 세 장이나 깨져 있다. 다른 창들과 비교해보면 아래쪽 한 곳은 원래 유리창이 아니라 합판을 끼워놓았던 것으로 보인다. 북한군이 삼척을 점령한 시기에 망가진 것일 테다. 그걸 고칠 마음의

여유가 없었던 것일까? 아니면 고쳐 봐야 또 부서질지 모르니 일단 두고 보자는 마음이었을까? 깨진 유리창에서 전쟁의 여진과 그 시절을 살아야 했던 사람들의 불안한 마음이 동시에 읽힌다.

삼성국민학교 풍금 이야기

나는 이 삼척공고 육상대회 기념사진을 2018년 국립체육박물관 건립추진위원회에 매도했다. 내가 갖고 있는 것보다는 체육박물관에 더 필요할 것 같아서였다. 그런데 그 즈음 나는 육상대회 기념사진과 비슷한 시기에 만들어진 가정통신문 한 점을 수집하게 되었다.

전쟁 중 가정통신문 1952년 3월 대전 삼성국민학교 사친회장 정시헌의 이름으로 학부모에게 보낸 가정통신문이다. 크기는 5.8×20.0cm. (박건호 소장)

삼척공고가 육상대회에서 우승하던 때로부터 넉 달 전이었다. 대전에 있던 삼성국민학교에서는 풍금을 구하지 못해 교장과 학부모 대표가 전전긍긍하고 있었다. 학교에 한 대 있던 풍금이 전쟁으로 파괴되어 학생들에게 음악 교육을 할 수가 없었던 것이다. 체육·미술이야 간단한 교구로도 수업이 가능했지만, 음악은 악기가 필요한 과목이라 어쩔 도리가 없었다. 교장은 사친회장 정시헌을 불러 정중히 도움을 청했다. 이번에 군내 여러 학교가 풍금을 공동구입하는데, 학부모들의 도움을 받을 수 있을까 하고 말이다. 정시헌은 전쟁 중이라 여러모로 살림살이가 힘들지만 아이들이 우리의 미래이자 희망인데 학부모들이 십시일반으로 돈을 보태주면 풍금과 피리, 탬버린 등 소소한 악기들도 마련할 수 있으리라 생각했을 것이다. 곧이어 그는 자신의 이름으로 학부모들에게 도움을 청하는 글을 썼다. 모금이 얼마나 될지 알 수 없지만, 아이들이 교실에서 풍금 소리에 맞추어 즐겁게 노래 부르는 모습을 상상해본다면 돈 2,000원 정도는 흔쾌히 내줄 것이라 믿으며……. 벌써 전쟁이 일어난 지 2년이 다 되어가는 때에 정시헌은 곧 꽃이 만발하고, 학교에 풍금 소리와 아이들 노랫소리가 들리고, 전쟁도 끝나기를 소망했을 것이다. 그가 쓴 가정통신문은 이러했다.

근계(謹啓) 시하(時下) 초춘지제(初春之際)에 존체만중(尊体萬重)하심을 앙축(仰祝)하오며, 본교 정서 교육 현실에 감하여 아동의 흥미와 아동의 심미적인 정의도야(情意陶冶)와 감상력을 배양할 수 있는 교

전쟁과 꽃 전쟁의 참화 속에서도 꽃은 해마다 피고 이울기를 거듭했다. 전쟁도 황폐한 대지를 뚫고 피어나는 봄꽃의 감흥을 꺾지는 못했다. 어쩌면 전시여서 봄꽃이 주는 위안에 더 감격했는지도 모른다. 그래서 이 두 장의 사진은 우리에게 아릿한 울림을 준다. 이 사진들을 보면 김환기의 〈꽃장수〉가 상상으로 그린 것이 아님을 짐작할 수 있다. (위) 미상의 외국 기자가 찍은 것으로, 한국전쟁 중 꽃을 꺾어 놓고 있는 아이들의 모습이다. (아래) 1953년 4월 장흥에서 휴식을 즐기던 군인들이 진달래를 한 아름 안은 채 행복한 표정을 짓고 있다. (박건호 소장)

육에 중요한 부면(部面)을 차지하고 있는 음악 교육에 필요한 풍금(風
琴)이 6·25동란으로 말미암아 폭파되어 음악 교육에 지장이 극심하
던 차에 금번 다행히 군내 각 초중등학교에서 풍금을 공동구입케 된
바 본교 매월 500원의 사친회비를 징수하여서는 운영난으로 도저히
풍금을 구입할 도리가 없어 재삼(再三) 방법을 강구한 결과 아동 1인
당 2,000원씩 징수키로 되었으니 3월 15일까지 납부하여주심을 앙망
하나이다.

4285년 3월 2일
삼성국민학교 사친회장 정시현

전쟁과 풍금! 전쟁과 합창! 전쟁과 꽃장수! 전쟁과 육상대회! 단
어만 봐서는 도저히 어우러지지 않는 말이다. 그러나 전쟁 중에도
풍금 소리와 노래가, 꽃장수와 웃음이 있었고, 육상대회가 열리고
우승의 함성이 터져나왔다. 비록 학교 유리창은 깨져 있고, 꽃 꽂
을 변변한 화병 하나 없더라도 삶은 이어지고 있었다. 다양한 희
비극, 역설과 반전의 이야기를 만들면서 유유히 흘러가는 것, 삶은
그런 것이었다.

MY COLLECTION

12

태극기가 걸린 결혼 기념사진

결혼과 출산,
그리고 국가주의

태극기가 걸린 결혼 기념사진

1950년대, 박건호 소장.

태극기가 걸린 결혼식을 본 적이 있는가? 게다가 결혼식을 시작할 때 국기에 대한 경례까지 한다면 어떤 느낌일까? 언제부터 왜 결혼식장에 태극기가 등장했을까? 결혼 기념사진을 모아놓고 보니 궁금증이 생겼다.

우리의 위대한 지도자 이오시프 비사리오노비치 스탈린 동지께서 어젯밤 돌아가셨다. 당 위원회에서는 앞으로 7일 동안을 국제 애도 기간으로 공포하는 바이다. 앞으로 이 기간에 애도 집회 이외의 모든 집회는 절대 불허한다. 이 명령을 지키지 않는 자는 누구든 반역죄로 처단할 것이다. 위대한 인민의 아버지의 은혜에 대한 감사의 마음을 흩뜨리는 어떠한 행동도 절대 불허한다. 웃음도 안 되고, 축구 경기, 결혼식은 물론 장례식도 안 된다.

1953년 루마니아의 어느 농촌 마을. 떠들썩하게 진행되던 결혼식 축제 분위기는 소련 장교의 살벌한 이 명령 하나로 돌연 얼어붙고 만다. 결국 신랑, 신부 집안의 친인척과 주민들은 압제자 소련 당국에 들키지 않도록 비밀리에 침묵의 피로연을 열기로 한다. 모든 대화와 축가는 립싱크! 사람들은 마치 무언극을 하듯 연회를

영화 〈사일런트 웨딩〉의 포스터 2009년 개봉된 이 영화는 비극적인 결혼식 이야기를 통해 옛 소련의 강압적인 통치를 풍자하고 있다.

이어갔다. 소리가 난다는 이유로 포크와 나이프도 치우고 음식도 손으로 먹는다. 집시 악사들은 악기를 들고 연주하는 시늉만 하며, 신랑, 신부는 소리 없는 음악에 맞춰 춤을 춘다. 박수는 당연히 시늉만. 결혼식을 망친 신부는 결국 눈물을 흘리고, 이를 보다 못한 신부 아버지의 고함 소리!

"오늘은 결혼식 날이잖아!!"

이 외침과 함께 '조용한 결혼식 연회'는 끝나고, 사람들은 저마다 누르고 있던 흥을 표출하면서 연회는 활기를 되찾게 된다. 그러나 신부 아버지의 한마디 외침이 거대한 비극의 신호탄이 될 줄 누구도 알지 못했다. 얼마 후 굉음과 함께 벽을 뚫고 들어온 소련군 탱크! 연회에 참석한 남자들은 모두 소련군에 끌려가고, 이후 아무도 살아 돌아오지 못했다.

호라티우 말라엘 감독의 영화 〈사일런트 웨딩(Silent wedding)〉의 줄거리다. 이 이야기가 비극적인 것은 코미디 같은 결혼식 이야기가 꾸며낸 이야기가 아니라, 루마니아의 어느 마을에서 있었던 실화를 바탕으로 했다는 점 때문이다.

너무나도 정치적인 결혼과 출산

남녀가 결혼해서 아이를 낳고 가정을 이루는 것은 인류가 생긴 이래 지금까지 계속되고 있다. 인류 역사의 처음과 끝을 관통하는 큰 줄기인 셈이다. 이것이 역사의 거대한 본류이고 정치적 사건들은 오히려 지류 같은 것이어서, 자칫 인류의 사랑·결혼·출산 같은 일들이 정치와는 무관한 것처럼 생각되기 쉽다. 그러나 사람은 자신이 살아가는 시대의 산물로, 정치·경제·사회·문화의 수혜자이자 생산자이다. 그래서 결혼하고 출산하고 가정을 이루는 것은 시대와 지역에 따라 그 모습을 달리하게 된다. 사람들은 그 시대의 다양한 조건들의 영향을 받으면서 독특하고도 다양한 문화와 관습을 만들어왔다. 그런 점에서 문화라는 것도 순수하게 문화적인 것은 없고 다분히 정치적이라 할 수 있다.

지금이야 개인들의 자유로운 의사에 따라 결혼과 출산을 선택하지만, 처음부터 그리고 어디에서나 그랬던 것은 아니다. 매우 사적인 사랑·결혼·출산 등도 공권력의 직간접적인 정책과 통제에서 자유로울 수 없었다. 민족과 문화의 통합을 위해 이민족과의 결혼을 장려하거나 강요한 일을 그 예로 들 수 있다. 마케도니아의 알렉산드로스 대왕은 동서 융합을 위해 그리스 사람과 피정복 지역의 주민들을 결혼시켰다. 그 역시 적이었던 페르시아의 군주 다리우스 3세의 딸과 결혼했는데, 이민족 여성과 결혼하는 부하들과 합동결혼식을 거행했다. 이때 본국에 아내가 있는 병사라도 이민족 여성과의 결혼이 전혀 문제가 되지 않았다.

우리 역사에서도 1940년대에 이와 비슷한 일이 있었다. 당시 일제는 민족말살통치의 일환으로 '내선일체'를 제창하며 일본인과 조선인 간의 결혼을 '내선결혼'이라 하여 장려하고 표창했다. 1940년 미나미 지로 조선총독은 내선결혼한 부부 137쌍에게 '내선일체'라고 쓴 족자 한 점씩을 기념품으로 증정하기도 했다.

결혼이 그러했듯이 출산도 개인의 의사에 의해서만 이루어지지 않았다. 저출산이 사회문제가 될 때 정부는 결혼과 출산을 권장하는 것은 말할 것도 없고 심지어 제도적으로 강요하기도 했다. 과거에 출산을 장려하기 위해 독신세라는 세금을 부과했는데, 그 역사가 고대 그리스와 로마까지 거슬러 올라간다. 로마 황제 아우구스투스는 미혼 남녀에게 수입의 1퍼센트를 독신세로 과세했으며, 평생 독신으로 살면 상속 권한이나 선거권까지 빼앗았다. 결혼을 할 수밖에 없도록 개인의 자유를 제한했던 것이다. 히틀러 통치하의 독일도 독신세를 부과했다. 독일의 인종정책 부처는 당시 "당신이 독일인이라는 것을 잊지 말라. 순수 독일 혈통과 결혼해 적어도 네 명의 자녀를 낳아라. 아이들을 조국의 미래 자산으로 만드는 게 독일인의 의무다"라는 결혼 가이드라인을 발표했다. 통치자에게 결혼은 순수 독일계 혈통의 아이를 더 많이 확보하기 위한 방편이었던 것이다.

이 방면으로 최악의 인물은 루마니아의 독재자 니콜라에 차우셰스쿠였다. 1965년부터 1989년까지 루마니아를 통치했던 그는 "태아는 사회의 재산"이라며 "아이를 낳지 않는 사람은 국가의 영속성에 반기를 드는 배신자"라 규정하고 낙태와 피임은 물론 성교육까지 금지했다. 또한 자녀 할당제를 두어 한 가정당 4명 이상 자녀를 출산하게 했으며, 이혼이 출산율을 떨어뜨린다는 이유로 이혼 금지령을 내렸다. 심지어 일명 '월경(月經) 경찰'로 불리는 공무원들이 직장을 돌며 피임과 임신 여부를 조사하기도 했다. 그래서 만약 여성이 임신에 두세 번 실패하면 그 부부에게 '금욕세'라는 황당한 세금을 매겼는데, 연소득의 25퍼센트나 되었다. 사회주의권이 붕괴되던 1989년 루마니아 국민이 봉기하여 차우셰스쿠를 총살한 것은 나름 이유가 있었던 것이다.

결혼과 출산 정책만 그런 것이 아니다. 결혼식도 그렇다. 결혼하여 형성되는 가정은 사회를 이루는 기초 단위이므로 전체주의

문화혁명기 중국의 결혼식 장이머우 감독의 영화 〈인생〉의 한 장면으로, 문화혁명기 중국에서는 마오쩌둥을 숭배하는 '혁명화된 결혼식'이 강요되었다. (출처: highonfilms.com)

혹은 국가주의를 지향하는 사회에서는 가정을 사적인 영역으로 내버려두지 않았다. 새로운 부부와 가정에 대해 권력이 지향하는 새로운 인간형(人間形)을 길러내는 역할을 하도록 강요했다. 따라서 결혼 같은 사적인 영역에 국가 권력이 개입함으로써 결혼식은 아주 공적인 행사가 될 수밖에 없었다.

중국 문화혁명기(1966~1976)의 결혼식 풍경을 들여다보자. 그 시기 중국에서는 '혁명화된 결혼식'을 통해 새로운 가족이 만들어졌다. '혁명화된 결혼식'이란 신랑, 신부가 마오쩌둥 사진에 절을 하고 피로연에서 마오쩌둥 어록을 예물로 주고받고 암송하거나 하객과 함께 마오쩌둥 저작을 학습한 소감을 나누는 것을 말한다. 결혼식을 이렇게 하지 않으면 반동으로 몰렸다.

북한의 결혼식도 이와 크게 다르지 않다. 북한에서는 결혼식 후 반드시 만수대 언덕을 방문한다. 새로 부부가 된 두 사람은 그곳에 있는 김일성·김정일의 동상에 꽃을 바치고 절을 한 뒤 동상 앞에서 기념사진을 찍는다. 일종의 신고식인데, 당과 위대한 지도자에게 충성하는 새로운 '세포조직'이 만들어졌음을 공인받는 절차라 할 수 있다.

결혼 및 출산과 관련한 국가주의적 발상을 길게 늘어놓은 이유는 내가 수집한 결혼 기념사진들 때문이다. 이 기념사진들을 보면 결혼식도 유행을 타서 저마다 특징이 있다. 결혼식 복장의 변화를 살피는 것도 재미있지만, 특히 관심을 끈 것은 배경을 장식하고 있는 태극기였다. 이런 사진을 여러 장 모아놓고 보니 태극기를 거는 것이 한때 유행한 결혼식 문화이거나 특별한 의미가 있는 듯했다.

태극기 숭배의 시대

초대를 받아 간 결혼식장에 대형 태극기가 걸려 있다면 어떤 느낌일까? 게다가 결혼식을 시작할 때 국기에 대한 경례까지 한다면? 지금이야 잘 상상이 되지 않지만 우리에게 그런 시절이 있었다. 나는 오래전부터 결혼식장에 태극기가 걸려 있는 결혼 기념사진을 수집해왔다. 신기해서 모으기 시작한 게 지금은 스무 장이 넘는다. 한 가지 궁금증이 생겼다. 언제 적 사진들일까?

이 사진들을 처음 수집할 때 나는 분명 1970년대 사진일 거라고 생각했다. 태극기가 정부 차원에서 강조되고 일상에 빈번하게 등장하게 된 시기는 1970년대였기 때문이다. 그때로 돌아가보자. 1971년 3월 15일자 《경향신문》의 〈돋보기〉란에는 다음과 같은 흥미로운 사건이 소개되었다.

> 서울동부서는 15일 서 모 군(20, 서울 성동구 하일동)을 경범죄처벌법 위반 혐의로 즉심에 넘겼는데. 장갑 행상인 서 군은 14일 하오 5시쯤 천호동 문화극장에서 영화를 상영하기 전에 국가가 울려 나올 때 그대로 자리에 앉아 담배를 피우다가 적발된 것. 서 군은 지난 1일부터 시작된 〈애국가〉 연주 시 지켜야 할 기립 예의를 어긴 첫 케이스가 된 것으로 국기 국가에 대한 예의를 모두 지켜야.

얼핏 보면 극장 안에서 담배를 피우다가 경범죄 처벌을 받은 것으로 착각할 수 있겠다. 그러나 당시 극장에서 담배를 피우는 것은 죄가 아니었다. 그보다는 〈애국가〉가 연주될 때 일어서지 않고 앉아 있다가 즉심에 넘겨진 것이다. 이 기사의 제목도 '〈애국가〉 연주 때 앉아 있다 즉심'이다. 서 군이 즉심에 넘겨진 것은 1971년 3월 1일부터 시행된 정부 정책 때문이었다. 제7대 대통령 선거가 두 달도 남지 않은 상황에서 정부는 '〈애국가〉의 올바른 보급과 국가에

태극기가 걸린 결혼식장 (왼쪽) 대형 태극기가 정면 한가운데에 걸려 있는 결혼식장의 모습. 태극기가 워낙 커서 자칫 공공기관 행사 기념사진으로 착각할 정도다. (오른쪽) 결혼식 피로연이 한창이다. 그런데 이런 피로연장에도 태극기가 필수품처럼 걸려 있다. (박건호 소장)

대한 존엄성을 높이기 위해' 3월 1일부터 서울을 비롯해 전국 시 소재 380여 개 극장 등 공연장에서의 '〈애국가〉 영화' 상영을 지시했다. 〈애국가〉는 1절만 영화로 만들어 상영 시간은 1분 40초 정도로 그리 길지 않았지만, 상영 시에 반드시 관객이 기립해야 했다. 이 조치가 취해진 지 보름 만에 서 군은 이를 위반해 즉심에 넘겨진 제1호 인물이 된 것이다.

이듬해 박정희 대통령은 "국기(國旗)를 존중하는 일이 바로 애국이며, 우리는 국기를 통해 올바른 국가관을 확립해야 한다"라고 훈시했다. 곧이어 문교부(오늘날 교육인적자원부)는 모든 행사에서 학생과 교원들이 '국기에 대한 맹세'를 암송해 국기에 대한 존경심을 높일 것을 지시했다. 이와 함께 1976년 10월부터는 국기 하강식이 공식화되었다. 이제 〈애국가〉가 나오면 바로 부동자세를 취하는 일이 극장 안뿐만 아니라 극장 바깥으로 확산되면서 '국기와 국가에 대한 숭배'는 전 국민의 생활문화로 자리 잡았다. 오후 6시(동절기에는 5시) 국기 하강식과 함께 〈애국가〉가 울려 퍼지면 사람들은 일제히 차렷 자세로 국기를 향해 경례를 해야 했다. 심지어 길을 가다가도 운전을 하다가도 멈춰서 나라에 대한 충성을 다짐해야 했다.

2014년 개봉된 영화 〈국제시장〉에서는 주인공 부부가 부부싸움을 하다가 〈애국가〉가 울리자 국기에 대한 경례를 하는 웃지 못할 장면이 나온다. 그런 코미디 같은 장면이 1970년대 이후 실제로 우리 사회의 일상 풍경 중 하나였다. 흥미로운 것은 이 영화 장면에 대한 당시 박근혜 대통령의 평이다. 다수의 한국인이 이 장면을 단지 한번 웃어넘기는 코미디로 받아들인 것과 달리, 박 대통령은 이를 무척 진지하게 받아들였다. 2015년 박근혜 대통령은 청와대 회의를 주재한 자리에서 "최근 돌풍을 일으켰던 영화에서 부부싸움을 하다가도 〈애국가〉가 나오니까 국기 배례(拜禮)를 하더라"며 "그렇게 해야 이 나라라는 소중한 우리의 공동체가 건전하게 어떤 역경 속에서도 발전해나갈 수 있는 것이 아니겠느냐"라고 말했다

국기 하강식 오후 6시(동절기에는 오후 5시), 〈애국가〉와 함께 국기 하강식이 시작되면 국민은 하던 일도, 가던 길도 멈추고 국기에 대한 경례를 해야 했다. 이러한 전 국민의 '일시 멈춤'은 1976년 10월부터 1989년 1월까지 계속되었다. (출처: 경향신문)

고 한다. 이 말이 나온 직후 정부는 1989년에 폐지된 국기 하강식 부활을 추진했다.

실제 이루어지지는 않았지만, 2010년대 국기 하강식이라니 이것이야말로 희극, 즉 코미디 아닌가. 카를 마르크스는 《루이 보나파르트의 브뤼메르 18일》에서 이런 명문장을 남겼다. 이 상황에 꼭 들어맞는 말이다.

헤겔은 어디선가 세계사에서 막대한 중요성을 지닌 모든 사건과 인물은 반복된다고 언급한 적이 있다. 그러나 그는 다음과 같은 말을 덧붙이는 것을 잊었다. 한번은 비극으로, 그리고 다음은 희극으로 끝난다는 사실을 말이다.

이쯤 되면 태극기가 걸린 결혼 기념사진은 1970년대에 찍은 것이라는 확신이 들 것이다. 하지만 반전이 있다. 이 사진들은 1970년대가 아니라 그보다 이른 1950년대 것들이다. 결혼 기념사진에 대부분 결혼식 날짜가 적혀 있는데, 그 날짜가 거의 1950년대였다. 오히려 1970년대 찍은 결혼사진들에서는 태극기가 보이지 않는다. 그렇다면 1950년대 결혼식에서 태극기가 등장하는 이유는 무엇이었을까?

강요된 국가주의의 흔적

1950년대 이전으로 거슬러 올라가 그 뿌리를 찾아야 하는데, 이런 결혼식 문화의 배경에는 일제강점기 말 군국주의의 영향이 있는 듯하다. 이제껏 내가 수집한 일제 말기의 결혼 기념사진 대부분은 일장기가 결혼식장에 걸려 있다. 일제강점기에 한국인들은 대부분 결혼식장에서 혼례를 치르는 '신식 결혼식'(당시는 이를 '사회결혼'이라고 불렀다)을 하지 않고 예전처럼 신부 집에서 혼례를 치렀다. 그

일제강점기 수신 교과서 국기에 대한 배례를 통해 제국의 충량한 신민을 양성하고자 했던 일제의 의도를 읽을 수 있다. (박건호 소장)

일제강점기 말의 결혼 사진 당시 신식 결혼식장에는 일장기나 만국기를 거는 것이 의례였던 모양이다. 만국기 중에는 나치의 상징인 '하켄크로이츠(Hakenkreuz)'도 보인다.
(박건호 소장)

런데 특이한 것은 결혼식장에서 '신식'으로 예식을 치르고 남긴 결혼 기념사진들, 그중 특히 일제강점기 말의 사진에는 어김없이 일장기가 등장한다. 욱일기는 물론이고 일본의 동맹국이던 독일의 나치 깃발이 걸려 있는 경우도 있다. 일제강점기 황국신민화 교육의 일환으로 궁성 요배, '황국신민의 서사' 암송 강요와 함께 '히노마루(일장기)'에 대한 배례가 강요되었는데, 그 영향으로 결혼식장에도 일장기가 걸렸을 것이다.

이런 일제강점기 결혼식장의 일장기가 해방 이후 자연스럽게 태극기로 바뀐 것이 아니었을까? 문화와 관습은 그 흔적을 남기기 마련이다. 해방 직후 태극기의 의미는 지금보다 훨씬 강했을 것이다. 게다가 대한민국 정부 수립 후 이승만 정부는 북한 체제와 대결을 해야 하는 상황에서 국민 결속을 강화하는 차원에서 태극기의 상징성을 더욱 강조했을 것이다. 1950년대 한국인들은 일제로부터 해방을 기뻐하며 결혼식장에서 일장기 대신 태극기를 내걸었지만, 그 속에 담겨 있는 국가주의와 전체주의는 완전히 벗어던지지 못했던 것이다.

내가 수집한 1950년대 결혼 기념사진 중에는 태극기뿐 아니라 '국기 배례' 의식이 행해졌음을 보여주는 사진도 있다(248쪽 사진 참조). 결혼식장 정면에 태극기가 걸려 있는 것은 1950년대의 다른 결혼 기념사진과 별반 다르지 않은데, 사진 왼쪽에 '결혼식 식순' 안내판이 서있는 것이 눈에 띈다. 그런데 이 식순 다섯 번째에 '국기 배례'라고 적혀 있다. 신랑과 신부, 하객들이 일제히 서서 국기

'국기 배례'가 행해진 결혼식 이 역시 태극기가 걸려 있는 결혼식장 기념사진이다. 사진의 왼쪽(붉은 테두리 부분)에 결혼식 식순이 게시되어 있는데 '국기 배례'가 포함되어 있다. (박건호 소장)

1960년대 결혼 기념사진 결혼식장에서 태극기가 왼쪽 구석으로 밀려났다. (박건호 소장)

에 대한 경례라니……. 상상이 되는가? 1950년대는 그런 시대였다. 일제 때부터 강요된 국가주의는 그렇게 사람들의 생활에 깊숙이 스며들어 있었던 것이다.

마지막으로 1960년대 사진 한 장을 살펴보자. 이 사진 역시 태극기를 배경으로 찍은 결혼 기념사진이다. 그런데 흥미로운 것은 가운데 태극기가 있어야 할 자리를 풍경화가 대신하고 그 위에는 '二姓之合 百福之源(이성지합 백복지원, 두 성씨의 결합, 즉 남녀의 결혼은 만복의 근원이라는 뜻)이라는 문구가 보인다. 그 좌우 양쪽에는 원앙으로 보이는 새 그림이 있다. 결혼식장 정면 한가운데 자리잡고 있던 태극기는 왼쪽 귀퉁이에 조그맣게 걸려 있을 뿐이다. 1950년대 결혼식장 한가운데 걸려 있던 태극기는 1960년대에 구석으로 밀려났다가 1970년대에 이르러 완전히 사라졌다. 시대의 변화는 결혼식장에서도 서서히 나타나고 있었다.

MY COLLECTION

13

경기중학교 3학년 김장환의 일기장

대통령 생일이
뭣이 그리
중헌디!

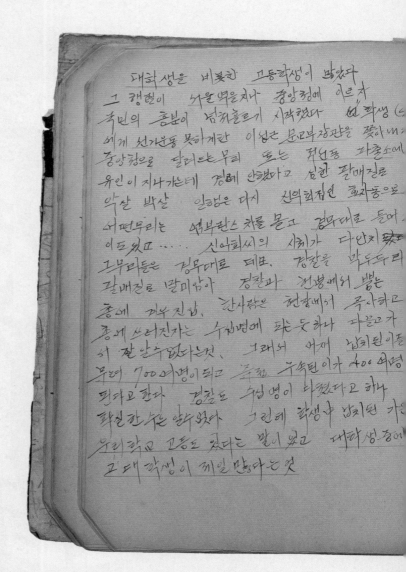

대학생을 비롯하여 고등학생이 많았다
그 행렬이 서울역을 지나 중앙청에 이르자
국민의 흥분이 넘쳐흐르기 시작했다 女학생(여)
에게 선거운동 못하게한 이섭쓴 문교부장관을 쫓아내
중앙청으로 달려드는무리 또는 전년동 파출소에
유인이 지나가는데 경례 안했다고 심한 팔매질로
악살 박살 인행은 다시 신익희집인 효자동으로
어떤무리는 앰뷸런스 차를 몰고 경무대로 들어
이르렀고 …… 신익희씨의 사체가 다단치 ㅤ
그부리들은 경무대로 데모, 경찰을 막두두리
팔매질로 말미암아 경찰과 전방에서 쏘는
총에 거우 진압, 한사람은 현장에서 죽어서
총에 쓰러진가는 수십명에 맞는 듯 하나 따끌고가
이 잘 알수 없다는것, 그래서 어제 납치된이들
무려 700여명이 되고 포착 구속된이가 400여명
된다고 한다 경찰도 수십명이 당했다고 하나
확실한수는 알수있다 그런데 학생과 납치된 가
운데 학교 고등도 있다는 말이 있고 대학생 중에
고 대학생이 제일 많다는것

경기중학교 3학년 김장환의 일기장

1956~1957년, 19.8×25.0cm, 박건호 소장.

경기중학교에 다니던 김장환의 일기장에는 1956년 초부터 1957년 4월
까지 쓴 일기가 기록되어 있다. 김장환은 비록 10대였지만, 일기를 보건
대 세상일에 무척 관심이 많았다. 소소한 일상 말고도 정치·사회적 사건
들에 대해서도 꼼꼼하게 관찰하고 소감을 기록했다.

三月七日 月曜日. 개임

기 합치된의 중에서 130여명만 남겨두고 모두
...하였다 이게 폭동으로 말미암아 경무대
...에는 경찰과 헌병으로서 흔은 방비가
...되고 있는 모양이다

三月八日 火曜日. 개임

...은 어머니 날인듯시에 만국 정상다시 날아나
...이 우리학교에서 광화문에서 화신까지 청소하는
...가 있었고 송구영신 ~~도하기~~ 새완한 조회도 있었다.

...게 납치된 민간중에서 50% 이상이 女學生이오
...高中 大學生 이게일당각하라 그리고 女子들도 많기 있다
...1번도 말하면 16 ~ 50여세 까지라고 한다
...사협회에서는 이들을 석방하기를 요구하나 련치만은
...특히 관대하게 하라 하고 거듭 강조하였었다

三月九日 水曜日

...는 참에 났는 시간이 별로
...은 첫째 학교에서 1시간을...
...자버리게 되고 또 둘...
...고면 괴로 해서 그 담진...
...는 약을 먹는다 양약을 먹어...
...를 먹는다 한약방에가서
...그리고 배에 맞고 약을 지어...
...명은 한약방에 그많이 갔었으나...
...대껏 한번도 맞지 않았다.

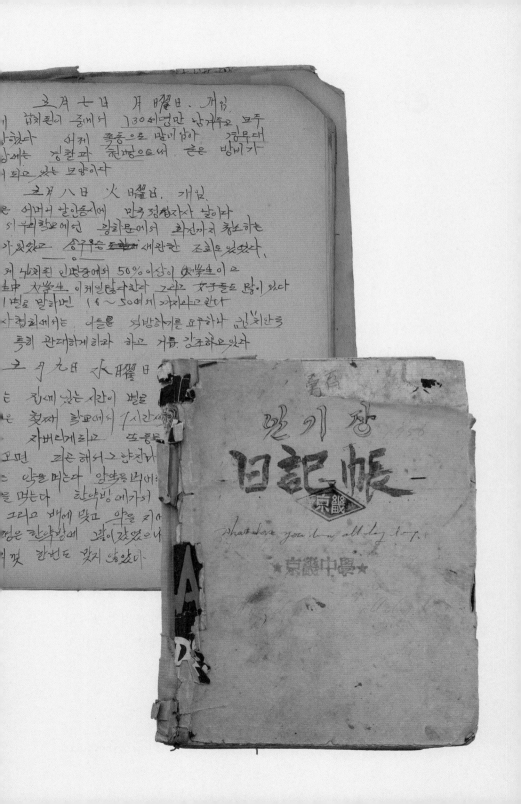

해마다 3월 26일이 되면 다소 의미가 다른 두 개의 기념식이 열린다. 하나는 안중근 의사 추모식이다. 안중근 의사는 1909년 10월 26일 하얼빈 의거로 투옥되었다가 그 이듬해 3월 26일 뤼순 감옥에서 순국했다. 순국 109주기가 되는 2019년 3월 26일 추모식은 서울 남산에 있는 안중근의사기념관에서 열렸다. 또 하나의 기념식은 이승만 대통령 생일을 축하하는 기념식이다. 이승만 대통령은 1875년 3월 26일 황해도 평산군 능내동에서 태어났다. 이승만건국대통령기념사업회에서는 매년 3월 26일 기념식을 개최해왔는데, 2019년 '이승만 박사 탄신 144주년 기념식'은 서울의 정동제일교회에서 열렸다.

안중근 의사야 이념 불문하고 많은 한국인의 존경을 받는 데다 다른 날도 아니고 순국일이니 공식적인 추모 행사가 당연해 보인다. 그런데 1960년 4·19혁명으로 실각한 이승만 대통령의 생일 축

하 기념식이라니, 도대체 누가 어떤 방식으로 기념하는지 의문이
먼저 든다.

1950년대만 하더라도 이승만 대통령의 생일 축하 기념식은 축
하 열기와 관심이 대단했다. 이승만 대통령이 재임 중이던 1950년
대 그에 대한 우상화는 북한의 김일성 우상화와 별반 다르지 않았
다. 지폐나 동전에 이승만 초상을 새긴 것은 말할 것도 없고, 우남
공원·우남정·우남도서관·우남회관·우남로 등 이승만의 호 '우남'
을 따서 공공건물이나 공원, 도로 이름을 짓기도 했다. 심지어 수도
서울의 이름을 '우남시'로 바꾸고자 시도한 적도 있었다. 1950년대
이승만은 말 그대로 국부(國父), 즉 왕과 같은 존재였다.

이러니 이승만 대통령의 생일을 그냥 지나칠 수 있었겠는가. 집
권 자유당과 정부가 나서서 생일 행사를 준비했는데, 특히 80회 생
일을 맞았던 1955년은 그 정도가 도를 넘었다. 경기도지사가 '송수
탑 건립위원장'을 맡아 남한산성에 이승만 대통령의 만수무강을
비는 송수탑(頌壽塔)을 세우는가 하면, 국무원 사무국에서 창설한
'80회 탄신경축중앙위원회' 주관으로 남산에 25미터짜리 초대형
동상 건립에 착수했으며, 체신부에서는 80회 탄신기념우표를 발행
했다. 집집마다 태극기를 게양하도록 했으며, 학교에서는 탄신기
념 글짓기대회를 열었다. 서울 시내에는 대통령의 원색 사진과 꽃
으로 장식한 전차가 달렸으며, 야간 불꽃놀이가 남산과 중앙청(지
금은 철거된 세종로의 옛 조선총독부 건물)에서 열려 마치 국경일 같은
분위기였다(실제로 1956년부터는 3월 26일이 임시공휴일로 지정되어 4년간

이승만 대통령 80회 생일 기념 송수탑 이승만 대통령 80회 생일을 기념하여 남한산성에 세워진 송수탑 앞에서 찍은 어느 가족의 기념사진이다. 송수탑 위에 장식된 동물은 최고 권력자 대통령을 상징하는 봉황이다. 이 송수탑은 4·19혁명 후 4미터가량의 탑 본체와 청동 봉황상을 분리하여 탑 부분은 기단 앞 땅속에 묻었고, 청동 조각은 남한산성 공원 측이 보관하던 중 유실되었다. (박건호 소장)

상 장

가 작   제 一 학 년   이 재 유

위의 학생은 리 대통령 각하 탄신 84주년
기념 교내 글 짓기 대회에서 그 성적이
뛰어 나므로 이에 포상함

단기四二九三년 四월 二十일

갈 산 중 학 교 장   고 재 원

이승만 대통령 84회 생일 기념 글짓기 대회 상장 이승만 대통령 생일을 맞아 실시된 글짓기 대회에서 이재유 학생이 가작으로 받은 상장이다. (박건호 소장)

이나 유지되었다). 이런 축제 분위기를 극대화하고자 정부는 야간 통행금지 시간도 두 시간 줄여주는 '시혜'를 베풀기도 했다.

이날 서울운동장(오늘날 동대문역사문화공원 터)에서는 대대적인 경축 행사가 열렸다. 이 행사에 동원된 학생들은 '80'이라는 숫자와 '만수무강'이라는 글자를 매스게임으로 선보였고, 전투기 여러 대가 서울운동장 위로 공중 분열식을 벌였다. 이날 대통령의 80회 생일에 맞춰 박목월 작사, 김성태 작곡의 〈대통령 찬가〉가 학생들의 합창을 통해 처음 공개되었다. 오후에는 세종로에서 육군, 공군, 해병대 장병들이 대규모 축하 퍼레이드를 펼쳤다. 이날 저녁에는 〈애국가〉를 작곡한 안익태가 25년 만에 귀국하여 직접 지휘하는 경축 음악회가 열렸다. 공보실은 대통령의 만수무강을 기원하는 시집 《헌수송(獻壽頌)》을 출간하고, 언론 또한 앞다투어 사설 등을 통해 이승만을 찬양하고, 문인들에게 집필을 독려해 이승만 찬양 글로 지면을 장식했다. 그중 《서울신문》에 실린 시인 김광섭의 생일 축하 헌시에서는 이승만을 '세기의 태양'이라고 표현했다.

기묘하게도 1950년대 한반도에는 동시에 태양이 3개, 즉 진짜 태양 말고도 '이승만'이라는 '세기의 태양'과 '김일성'이라는 '민족의 태양'이 떠 있었다(북한은 지금도 김일성의 생일인 4월 15일을 '태양절'로 기념하고 있다). 당시 남한과 북한은 서로 경쟁하듯이 각각 이승만과 김일성에 대한 개인 우상화의 극단으로 치닫고 있었다.

중학생 김장환의 일기

이제 이 글의 주인공을 만나보자. 2015년에 경매로 1950년대 일기장 한 권을 수집했다. 일기장 표지에는 크게 한자로 '일기장'이라고 써놓았고, '경기중학'과 교표가 잉크로 찍혀 있었다. 일기장 첫장에 김장환이라는 이름이 적혀 있다. 이 일기장의 주인인 김장환은 당시 경기중학교 3학년 학생이었다. 그의 나이는 비록 10대였지만, 일기를 보건대 세상일에 무척 관심이 많았다. 자신의 소소한 일상 말고도 정치·사회적 사건들에 대해 꼼꼼하게 관찰하고 소감을 기록했다. 이 조숙한 중학생 장환의 가족은 부모와 형과 동생, 이렇게 다섯 식구였다. 일기장에는 1956년 초부터 1957년 4월까지쓴 일기가 있는데, 이를 통해 1950년대 중·후반의 사회상을 엿볼수 있다.

먼저 1956년 3월의 일기를 보자. 마침 그해는 대통령 선거가 있었다. 1954년 사사오입 개헌을 통해 이승만의 3선 출마의 길을 연자유당은 1956년 3월 제3대 정·부통령 선거를 앞두고 열린 자유당 전당대회에서 이승만을 다시 대통령 후보로 선출했다. 그런데며칠 후 이승만은 뜬금없이 대통령 선거에 출마하지 않겠다는 성명을 발표했고, 국민은 대체로 이를 환영했다. 그러나 성명이 발표되자마자 그가 다시 대통령 선거에 나서야 한다는 관제 시위가 일어나기 시작했다. 자유당과 경찰은 물론, 정체불명의 단체들이 시위를 벌이며 그의 대통령 재출마를 주장했다. 심지어 우마차 조합

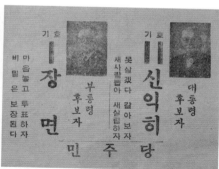

제3대 정·부통령 선거 홍보물 민주당이 내건 '못살겠다 갈아보자!'라는 선거 구호에 많은 국민이 호응하자 여당은 '갈아봤자 더 못산다'는 구호로 응수했다.

(위 왼쪽-중앙선거관리위원회 소장 / 위 오른쪽-박건호 소장 / 아래-국가기록원 소장)

원들은 우마차를 끌고 나와 이승만의 3선 출마를 촉구하는 시위를 벌여 소와 말까지 대통령의 재출마를 바란다는 '우의마의(牛意馬意)'라는 말이 유행하는 웃지 못할 광경이 펼쳐졌다. 이에 이승만은 국민 여론에 못 이기는 척하며 "민의에 따르겠다"라고 말하고 다시 대통령 선거에 출마할 것을 수락했다. 그는 이기붕을 러닝메이트로 지명했다.

한편, 야당은 대통령 선거를 몇 개월 앞둔 1955년 9월 17일 '민주당'으로 통합하고 당수인 신익희를 대통령 후보로 내세웠다. 혁신계는 대통령 후보 조봉암, 부통령 후보 박기출로 진용을 갖추었다. 1956년 5월 15일 치러질 제3대 정·부통령 선거 레이스가 본격적으로 시작되는 순간이었다.

1956년 3월 15일 일기에서 장환은 이승만 대통령의 재출마를 요구하는 여러 단체의 시위를 언급하며 자발적이지 않다며 마뜩지 않아 한다. 게다가 대통령의 민생 시찰 때 비서들이 백화점에 물건을 싸게 팔도록 사전에 짜 맞춰놓음으로써 대통령이 경제 현실을 제대로 파악하지 못하게 하고 있다고 우려한다. 이날 일기는 중학생이 쓴 글로 보기 어려울 정도로 성숙한 시각에서 현상만을 보지 않고 그 이면을 통찰하고 있다.

3월 15일 목요일

현재 정치상으로 보면 이 대통령이 무슨 이유인지 3선 출마를 안 한다고 자유당 회의에서 발표했다. 그러자 공무원 요원들은 국민을 시켜 이 대통령 재출마를 요청하고 있다. 우리나라는 국민의 나라다. 그런데도 불구하고 국민을 억지로 시켜 대통령 재출마를 요청하고 있으니 이것은 민주국가에 위반된 일이 아닐까? 그리하여 어느 동회에서는 강제로 대통령 재출마의 도장을 찍으라고 하는 둥, 안 하면 재미없다는 둥과 같은 일이 발생하여 말이 많다. 그리고 매일 경무대에 대통령 재출마 요청인들이 무려 4만 명이나 된다고 한다. 그들이 정직히 원하는 바인가? 그렇지 않으면 공무원의 조정으로 끌려온 사람인가? 그리고 또 이상한 것은 대통령께서 가끔 우리나라 경제 상태를 아시려고 동화백화점에 오셔서 물건을 사신다. 그런데 그 비서들이 그 전날 상점에 가서 이 대통령에겐 싸게 팔기를 정해놓는다. 그들은 참된 대통령을 참되게 모시고 있는가? 그것은 오직 대통령에 장점만 뵈려는 원숭이의 극(劇)이니 만치 이것이 쭉 계속된다면 후일의 우리 세계는 어떻게 될는지 의문이다.

장환의 일기에는 3월 24일부터 대통령 생일 기념행사 이야기가 나온다. 아마 학교별로 행사를 하도록 교육 당국이 지시한 것으로 보인다. 제3대 대통령 선거가 채 두 달도 남지 않은 상태에서 이런 행사는 선거운동이나 다름없었다. 이승만 우상화는 이렇게도 집요한 것이었다. 바로 전해에 떠들썩하게 치렀던 80회 생일 축하 행사야 80회니까 그렇다 치더라도 올해는 81회니 특별한 것도 아니지 않은가? 더욱 가관인 것은 생일 전날 하필 눈비가 내려 운동장 사정이 여의치 않았는데, 그날 축하행사를 취소한 것이 아니라

김장환의 1956년 3월 29일자 일기

3일 뒤로 연기했다는 사실이다. 장환의 3월 29일자 일기에 친구들이 "생일도 연기할 수 있나"라고 말했다는 대목을 보면 중학생들이 봐도 이상한 생일 축하식이었다.

> 3월 25일 일요일 비. 눈
> 저녁부터 젖은 강산을 내려퍼붓는 눈은 아직 늦겨울을 다시 상징하는 듯 지친 없이 떨어지는 양은 내일의 대통령의 생신을 축하함인지 그렇지 않으면 나를 지루하게 만듦인지……

3월 26일 월요일 갬, 흐림

오늘은 대통령 생신이었건만 날이 질고 해서 우리들은 행사가 없었으나 육해공군의 사관생들의 사열 등이 있었다. 그래서 오늘은 수업은커녕 학교에서 바로 집에 돌아오다.

3월 29일 목요일 갬

오늘은 연기한 대통령 생일 축하식이다. 동무들은 생일도 연기할 수 있나 하고 말하였으나 한편으로 생각하면 연세가 세계적으로 많으신 대통령의 축하만은 일기 관계로 연기해도 무방하다고 생각했다.

장환의 일기에는 당시 제3대 정·부통령 선거와 관련된 흥미로운 내용이 많다. 이왕 일기를 보기 시작했으니 생일 기념행사를 지나서 선거 직전까지 더 보자. 장환의 4월 28일자 일기에는 선거를 의식한 정부의 선심성 행정을 비판하는 대목이 보인다. 그런데 역시 이해 대통령 선거에서 가장 큰 사건은 이승만의 유력한 경쟁자였던 민주당의 신익희 후보의 갑작스런 죽음이었다. 4월 말부터 5월 15일까지 일기의 주요 부분이다.

4월 28일 토요일 갬

요즘은 전기도 24시간 준다. 그리고 판잣집 철거 문제를 취소했다. 그것뿐이랴. 세금도 잘 안 받는다. 그것은 자유당의 선거운동에 매우 큰 계획인 것 같다. 이러고 보니 대통령 선거가 한 달에 한 번씩 있었으면 그 얼마나 좋은 그리고 살기 편리한 나라와 도시가 될까.

5월 5일 토요일 비

이번 입후보자 중 이승만 대통령에 제일 강적으로 대항하던 신익희 씨가 이리서 심장마비로 돌아가시고 말았다. 우리 집에서는 좀 그를 투표해줄 가망이 있었고, 더욱이 이번엔 어떻게 된 셈인지 민심이 그리로 많이 쏠렸던 것만큼은 틀림없는 사실이다. 그는 전주로 정견 발표차 떠났는데 기차 안에서 발병되어 이리에 도착하여 호남병원에 입원했으나 불행인지 다행인지 15분 후인 오전 5시 45분에 임종하셨다는 것이다.

5월 6일 일요일 갬

민족을 울려놓고 돌아가신 고 신익희 씨의 시체를 담은 엠브란스〔앰뷸런스〕가 서울역에 도착하자 수많은 군중의 아우성 소리, 그중에는 대학생을 비롯한 고등학생이 많았다. 그 행렬이 서울역을 지나 중앙청에 이르자 국민의 흥분이 넘쳐흐르기 시작했다. …… 신익희 씨의 시체가 다 안치되자 그 무리들은 경무대로 데모, 경찰을 막 두드리면서 팔매질로 말미암아 경찰과 헌병에서 뿜는 총에 겨우 진압. 한 사람이 현장에서 즉사하고 총에 쓰러진 자는 수십 명이 되는 듯하나 다 끌고 가서 잘 알 수 없다는 것…….

5월 15일 화요일 갬

오늘은 장차 우리나라의 운명을 좌우할 대통령 그리고 부통령 선거일이다. 대통령엔 해공 신익희 선생의 빈자리를 둔 채, 이승만 박사와 조봉암 씨의 결전이고, 부통령 후보에선 8인 중 박기출 씨와 이종태 씨가 탈퇴했다. 우리 집에선 아버지 주장에 대통령엔 조봉암, 부통령엔 장면 씨로 투표했다. 여지껏 선전 방해라든가 폭력을 사용한 것은 자유당의 짓이 매우 많았다 한다. 그리고 지금 계산으로는 대통령에는 틀림없이 이승만 씨일 테고, 부통령엔 장면 씨일 것이라고 추측되나 뒤에 자유 분위기를 폭발하거나 또는 무더기투표를 하면 부통령엔 변동이 있으리라 추측된다.

이날 선거 결과 대통령에 이승만, 부통령에 장면이 선출되었다. 장환은 선거권이 없었을 것이고, 그의 아버지는 대통령에 조봉암, 부통령에 장면을 찍은 것으로 보아 다소 진보 성향이었나 보다.

이렇게 선거가 끝나고 시간이 흘러 1957년이 되었다. 이제 장환은 어엿한 고등학생이다. 고등학생이 되어 처음으로 극장에 가서 150환을 주고 〈선장 호레이쇼〉를 본 게 새로운 경험이라면 경험이었다. 그러나 그의 집안 사정은 점점 나빠지고 있었다. 어머니가 심장병으로 위독한데, 충무로에서 양복점을 하는 아버지의 벌이는 빠듯했다. 10만 환이 조금 안 되는 월수입에 병원비니 학비니 지출이 많아 얼마 전부터는 쌀도 외상으로 들여왔다. 이런 장환의 집안 사정을 아는지 모르는지 자유당 정권하에서 세상은 달라진 것이 없었다. 하루하루 삶이 고달프기만 한데, 일기장의 거의 끝부분에서 그 귀하신 분의 생일 이야기가 또 나온다. 대통령 생일이 뭣이 그리 중하다고…….

이승만의 82회 생일날에는 이기붕의 아들 이강석을 양자로 들이는 '부자식(父子式)'이라는 것도 치러졌다. 저 윗분들의 생일 파티는 장환 가족의 생활고와 아무 관계없다는 듯이 3월 26일이면 어김없이 거행되었다. 임종을 눈앞에 둔 어머니의 건강에 마음 졸이던 장환 형제에게 노대통령(老大統領) 생일 축하 행사는 공허한 그 무엇이었을 것이다.

3월 24일 일요일 흐림

오늘은 의사가 더 한 번 왕진을 왔었는데, 온 이유는 어머니가 매우 약하시므로 링그루[링거] 주사를 놓을 목적이었다. 그러나 어머니의 핏줄이 어쩌나 가는지 그만 못 놓고 다른 주사만 놓고 갔다. 어머니는 병 시초보다도 더 매우 야위셨다. 요새는 밥도 제대로 못 드시는 형편이다.

3월 26일 화요일

오늘은 대통령 82세 생일날이다. 요즘같이 경제가 핍박하고 절양궁민이 많은 이때 그렇게 화려하게 연다 하니 좀 엉터리 같은 생각이 들었다. 우리 형도 어제까지 매스게임 연습을 했었으나 연기했음으로 실제로 활동은 어렵다. 그리고 이상한 것은 대통령이 양자로 이기붕

이승만 대통령 생일 기념 매스게임 1955년 이승만 대통령의 80세 생일 잔치를 대규모로 치르고서도 이후 매년 성대한 기념행사가 이어졌다. 84세 생일이었던 1959년 3월 26일에도 80세 생일과 마찬가지로 서울운동장 야구장에서 경축식이 있었고, 학생들도 여전히 '만수무강'을 기원하는 매스게임을 펼쳤다. (국가기록원 소장)

의 맏아들을 정해서 새 부자식(父子式)도 오늘 거행했다.

3월 28일 목요일 눈. 흐림

어머니의 병환은 자꾸 더해가시는 것만 같다. 요새는 진지 잡수시는 족족 소화가 안 되기 때문에 다시 죽을 끓이게 되었다. 그래서 나는 오늘 양꿀을 사와서 어머니에게 드렸다. 꿀물이라도 끓여드려야 했기 때문이다. 오전 달걀을 잡수셨으나 여위실 대로 여위시었다. 그래서 우리 집은 웃음도 즐거움도 없이 그저 슬픔에 잠겨 있는 듯하다.

일기 그 후의 이야기

장환의 일기는 1956년에 시작되어 1957년 4월 5일이 마지막이다. 이후 그의 가족은 어떻게 되었을까? 장환 어머니의 건강은 회복되었을까? 일기장에 아직 지면이 꽤 남아 있는데, 장환의 일기는 더 이어지지 않았다. 대신 일기장 뒤쪽에 일기장에서 떼어낸 듯한 종이 한 장이 끼워져 있는데, 일기는 아니고 어머니가 돌아가신 뒤 상심한 정환이 자신의 지난 인생을 정리하는 내용의 글이다. 따로 이런 글을 쓴 이유는 알 수 없지만, 내용을 보면 일기를 마지막으로 쓴 날에서 얼마 지나지 않아 어머니가 돌아가신 것으로 짐작된다. 글이 뒤쪽 중간 부분에서 중단되어 미완성이지만, 장환은 어머니가 돌아가신 뒤 큰 슬픔에 빠져 자신의 뿌리와 정체성에 대해 깊이 고민했음을 알 수 있다. 쪽지의 첫 부분은 이렇게 비장하게 시작된다.

이번 어머님을 이별하고 그 슬픔과 아울러 어머님이 살아 계신 동안 우리에게 정신적으로 무엇을 남겨주셨으며 우리의 장래는 어머니의 과거 지도로서 어떻게 나가야 어머님의 그 애쓰신 보람이 조금이나

김장환의 일기장에 끼워 있던 한 장의 글

마 부끄럼 없이 나타내야 하는 것을 지금 이 자리에서 명상하면서 글을 쓰고자 한다. 나는 지금 나의 역사를 쓰고자 한다.

김장환 가족 이야기는 그렇다 치고, 이승만 대통령에 대한 '우상 정치'의 끝도 마저 살펴보자. 자유당에게 '최고 존엄' 이승만은 영원한 대통령이어야 하고, 그들의 정권 역시 영원한 것이어야 했다. 1960년 제4대 정·부통령 선거가 실시되었다. 선거는 통상 5월

철거된 동상들 4·19혁명으로 이승만 독재가 무너지면서, 이승만 동상도 국민들의 손에 끌어내려졌다. 서울 남산(왼쪽)과 탑골공원(오른쪽)에 세워져 있던 이승만 대통령의 동상이 철거된 직후의 사진으로, 우상 정치의 허망함을 증언해주는 장면이다. 당시 85세의 노(老)대통령은 매년 자신의 생일을 찬양해 마지않던 자신의 신민(臣民)들이 왜 이토록 분노했는지 의아했을 것이다. 그의 신민들은 4·19혁명을 통해 시민으로 거듭나고 있었다. (출처: 서울역사편찬원)

에 실시되었다. 그런데 2월 3일 집권 자유당은 야당 민주당의 대통령 후보인 조병옥이 신병 치료차 미국에 건너간 틈을 타 선거를 2개월이나 앞당겨 3월 15일에 실시한다고 공고했다.

정부가 밝힌 공식적인 이유는 농번기를 피하고 정국의 조속한 안정을 꾀하기 위해서라는 것이었다. 그러나 학자들 대부분은 이

조기 선거를 밀어붙인 근본 이유가 당시 극심한 분열을 겪고 있던 민주당이 선거를 위한 전열을 가다듬을 수 없게 하려는 자유당의 전략 때문이었다고 본다. 일종의 선거운동 시간 뺏기 작전이라는 것이다. 게다가 민주당의 대통령 후보 조병옥이 수술차 미국으로 출국한 상황이었으니 자유당은 이 기회를 최대한 이용하고 싶었을 것이다. 그런데 선거 날짜를 3월 15일로 앞당긴 이유를 달리 설명하는 흥미로운 증언이 있다. '최고 존엄'인 이승만 대통령의 생일과 관련되었다는 것이다. 당시 자유당의 온건파를 이끌고 있었던 이재학 국회 부의장의 증언에 따르면 자유당 강경파는 '노인(이승만 대통령)을 기쁘게 해드려야 한다. 탄신일 이전에 당선시켜 드린 다음 탄신일을 거족적인 축일(祝日)로 하자'며 조기 선거를 밀어붙였다는 것이다. '대통령 당선'을 이승만 대통령의 생일날 축하 선물로 드리자는 논리였다. 이미 국가는 공공의 것이 아니었다.

이런 희한한 이유로 1960년 3월 15일로 조정된 제4대 정·부통령 선거 결과는 우리가 이미 알고 있다. 3월 15일에 엄청난 부정선거가 있었고, 이는 결국 4·19혁명으로 이어졌다. 4·19혁명은 우상 정치, 최고 존엄, 동상(銅像) 등 이승만 정권이 12년간 쌓아놓았던 모든 것을 무너뜨려버렸다.

김유신 장군 기록화 전시장 사진

김유신은 어떻게
유신의 아이콘이
되었나?

김유신 장군 기록화 전시장 사진

1970년대로 추정, 11.2×8.3cm, 박건호 소장.

한 남성이 '김유신 장군 일대기 기록화전'을
보기 위해 매표소에서 표를 사고 있는 사진이
다. 평범해 보이는 이 사진에는 유신헌법에 대
한 국민의 압도적 지지 배경을 이해할 수 있는
실마리가 들어 있다.

한국사, 특히 현대사 수업을 하면서 학생들에게 많이 받는 질문 중 하나는 '유신헌법'이다. 박정희 정권 때 유신헌법이 국민의 기본권을 제한하고, 대통령 1인에게 모든 권력을 집중해 독재를 뒷받침한 헌법이었다고 하는데, 왜 그런 헌법을 당시 국민이 압도적으로 찬성했는가 하는 점이다. 그도 그럴 것이 유신헌법은 국민투표로 확정되었는데, 당시 유권자 91.9퍼센트의 높은 투표율과 91.5퍼센트의 압도적 찬성을 기록했다. 많은 사람이 이 투표 결과를 당시 국민의 무지 탓으로 돌린다. 물론 그 당시 국민의 민주주의에 대한 이해 수준이 지금보다 다소 낮을 수도 있다. 그런데 그게 전부일까? 그것으로 이런 압도적 찬성을 다 설명할 수 있을까?

이 압도적 찬성 배경을 설명해주는 한 장의 사진이 있다. 한 젊은 남성이 전시회 매표소에서 표를 사는 장면으로, 2017년 4월에 수집한 사진이다. 하지만 사진을 찍은 날짜나 장소는 물론이고, 사진 속 인물에 대해 알 수 있는 정보가 전혀 없다. 매표소에는 김유신 장군 동상 사진이 걸려 있고, 어른 20원, 학생 10원이라는 입장료가 적혀 있다. 전시회 명칭은 매표소 오른쪽에 설치된 구조물 위에 '김유신 장군 일대기 기록화전'이라고 쓰여 있다. 매표소에 걸린 김유신 장군 동상 사진과 연결되는 부분이다. 구조물 안쪽에 한 여성이 앉아서 책을 읽고 있는데, 남성의 동행인지 아니면 입장권을 걷는 전시회 관련자인지는 알 수 없다. 이 사진에서 가장 인상적인 것은 구조물 양옆에 쓰여 있는 구호들이다. 이 구조물 오른쪽에는 "화랑정신 이어받아 싸우면서 건설하자", 왼쪽에는 "김유신 장군 얼 이어받아 남북통일 이룩하자"라고 쓰여 있다. 특히 왼쪽은 유신헌법과 유신체제를 이해하는 데 매우 중요한 구호이다. 그리고 당시 국민이 왜 압도적으로 유신헌법을 지지했는지를 잘 대변해준다. 이것이 이 사진을 수집한 이유이기도 하다.

박정희, 유신을 선포하다

먼저 박정희가 유신 선포를 고려한 배경부터 살펴보자. 박정희의 유신 선포에는 정치적 라이벌인 김대중에 대한 불안감이 작용했다. 1971년 4월 27일 실시된 제7대 대통령 선거에서 박정희는 634만 표를 얻어 라이벌 김대중 후보를 95만 표 차이로 누르고 승리했다. 꽤 큰 격차로 이겼다고 볼 수도 있겠으나 투표 전에 김종필,

이후락 등 측근들이 적어도 100만 표 이상, 심지어 200만 표 차로 압승할 거라고 장담해왔던 터라 투표 결과에 대한 박정희의 실망감은 매우 컸다. 게다가 선거운동에 당시 국가 예산의 10퍼센트가 넘는 600억~700억 원이라는 어마어마한 자금을 쏟아부었기에 더더욱 그랬다.

김종필의 회고록에 따르면 박정희는 이 선거 결과에 충격을 받았다고 한다(《김종필 증언록》, 와이즈베리, 2016). 박정희는 다음 선거에서 김대중이 대통령이 될 거라고 우려하면서 심지어 '특수한 것(조치)'을 예고했다. "선거를 하다 보면 앞날을 제대로 내다보고 건전하게 나라를 열어갈 위인이 아닌 엉뚱한 사람이 뽑힐 수 있어. 그럴 땐 조국근대화라는 혁명 과업에 지장이 생길 수 있어. 그러니 내 좀 특수한 것을 생각하지 않을 수 없어."

박정희는 김대중에 대한 불안감뿐 아니라 장기 집권에 따른 국민의 불만이 점차 강하게 표출되는 것도 무시할 수 없었다. 실제로 1971년 대통령 선거 한 달 뒤 실시된 5·25총선에서 야당인 신민당이 기존 의석 수의 두 배를 확보하면서 '실질적인 대승'을 거두었다. 박정희는 이미 3선 개헌으로 대통령이 된 터라 당시 헌법으로는 다시 대통령에 출마하는 것도 불가능한 상황에서 정말로 '특수한 것'을 생각하게 된다. 어차피 총선에서 국회의원 3분의 2에 해당하는 의석을 확보하는 데 실패한 이상 국회에서 헌법을 개정해 집권을 계속 보장받는 것도 불가능했다. 결국 그는 1971년 10월 15일 위수령, 12월 6일 '국가비상사태' 선언, 12월 27일 '국가보위에

제7대 대통령 선거

(위) 1971년 제7대 대통령 선거 후보자였던 박정희와 김대중의 선거 벽보. (중앙선거관리위원회 소장 / 김대중평화센터 소장)

(아래) 박정희는 제7대 대통령 선거에서 이번이 본인이 출마하는 마지막 선거임을 강조하며 지지를 호소했다. 개표 결과 영남 지역에서 몰표를 받은 박정희가 김대중을 누르고 당선되었다. 대통령 취임식은 1971년 7월 1일 2,200여 명이 참석한 가운데 중앙청 앞에서 거행되었다. (국가기록원 소장)

관한 특별조치법'을 발동했다. 유신체제로 가는 전주곡이었다. 그러나 이것만으로는 새로운 권력체제를 만들 수 없었다. 박정희는 자신의 절대 권력을 뒷받침할 수 있는 개헌을 원했다. 그러기 위해서는 그럴듯한 논리가 필요했다. '이러저러해서 개헌이 필요하며, 따라서 새 헌법은 강력한 리더십을 보장해주는 것이어야 한다'는 그런 논리 말이다.

박정희와 측근들은 당시의 안보 현실과 남북관계를 개헌을 위한 명분으로 삼고자 했다. 어떻게 프레임을 짜는가에 따라 개헌은 생각보다 쉽게 이루어질 수도 있을 터였다. 당시 미국은 1969년 닉슨 독트린 발표 이후 한반도에서 미군 철수를 추진했다. 대통령 선거가 있던 1971년 3월에도 닉슨 대통령의 명령에 따라 주한 미군 제7사단 2만 2,000명이 철수했다. 박정희는 주한 미군의 추가 철수를 막기 위해 전전긍긍했으며, 이즈음부터 '자주국방'이라는 구호를 내세우기 시작했다. 이런 상황에서 1972년 7월 4일 오전 10시 이후락 중앙정보부장이 내외신 합동 기자회견에서 자신이 1972년 5월 2~5일까지 4일간 북한을 다녀왔으며, 남과 북이 '자주, 평화, 민족적 대단결'이라는 통일의 3대 원칙에 합의했다고 발표했다. 이른바 '7·4남북공동성명'이었다. 그리고 그는 이 성명이 북한에서도 동시에 발표되며, 북한 측의 박성철 부수상이 5월 말부터 4일간 서울을 방문하여 회담을 가진 사실도 공개했다. 7·4남북공동성명에서는 남과 북이 합의한 통일의 3대 원칙 외에도 '남북조절위원회'를 구성해 다방면적 교류와 대화를 확대할 것도 합의했다.

7·4남북공동성명은 오랜 분단의 고통을 겪고 있던 한국인 모두에게 당장이라도 통일이 될 것 같은 환상을 심어주기에 충분했다. 그런데 이 남북대화의 복음이 유신 선포의 명분이 될 줄 아무도 몰랐다.

박정희는 장기 집권을 위해 결국 1972년 10월 17일 계엄령 선포와 함께 대통령 특별선언을 발표했다. 흔히 말하는 '10월 유신' 선포다. 박정희는 자신의 새 체제를 '유신(維新)'이라 부르며 남북대화가 시작되어 평화통일을 준비하고 주한 미군 철수라는 냉혹한 국제환경에서 살아남기 위해서는 헌법 개정이 필요하다고 역설했다. 그리고 대통령 중심의 강력한 지도체제 아래 일치단결해야 한다는 명분을 내세워 자신의 조치를 합리화했다. 이날 발표된 특별선언의 요지는 다음과 같다.

1. 1972년 10월 17일 19시를 기해 국회를 해산하고, 정당 및 정치 활동을 금지하는 등 현행 헌법의 일부 조항 효력을 정지시킨다.

2. 일부 효력이 정지된 헌법 조항의 기능은 비상국무회의에 의해 수행되며, 비상국무회의의 기능은 현행 헌법의 국무회의가 수행한다.

3. 비상국무회의는 1972년 10월 27일까지 조국의 평화통일을 지향하는 헌법 개정안을 공고하며, 이를 공고한 날로부터 1개월 이내에 국민투표에 부쳐 확정한다.

4. 헌법 개정안이 확정되면 개정된 헌법 절차에 따라 늦어도 금년 연말 이전에 헌정 질서를 정상화한다.

여기서 주목할 대목은 세 번째 항목으로 시대 상황에 맞게 헌법을 바꾸어야 하는데, 그 헌법은 평화통일을 위한 헌법이라는 것이다. 그래서 '조국의 평화통일을 지향하는 헌법 개정안'이라는 표현을 썼고, 이제 본격적으로 '평화통일' 마케팅을 시작할 터였다. 정리하면 '남북대화가 시작되었으므로 평화통일을 위해 헌법 개정이 필요하다. 게다가 주한 미군도 철수하는 상황이라 국가 위기 상황을 극복하고 민족 번영을 위해서도 개헌은 더더욱 필요하다. 따라서 통일과 번영을 위해 개정할 새 헌법은 대통령의 강력한 리더십을 보장해야 한다. 대통령의 강력한 리더십을 보장해주는 것은 통일과 번영을 위한 것이지, 독재를 하겠다는 것이 아니다. 이것이야말로 한국적 민주주의의 토착화이다.' 대략 이런 논리였다.

결국 10월 유신은 안팎으로 곤경에 처한 박정희가 영구 집권을 하기 위해 내놓은 카드였다. 개헌 목적을 보나 개헌을 이루기 위한 과정을 보나 사실상 제2의 5·16쿠데타였다. 이전에는 반공을 위해 독재가 필요하다고 했다면 이제는 평화통일을 위해 독재가 필요하다고 말을 바꾼 데 불과했다.

열흘 뒤인 10월 27일 박정희 정권은 사실상 대통령 종신제를 기조로 헌법 개정안을 공고했다. 입법부인 국회가 해산된 상태에서 비상국무회의를 열어 의결한 것이었다. 개정안에 따르면 대통령은 통일주체국민회의에서 간접 선거로 선출하고, 임기는 6년으로 연장되었으며, 종신 집권이 가능하고, 국회해산권과 긴급조치권을 가지며, 국회의원 3분의 1을 임명할 수 있었다. 유신헌법이라 불리

비상계엄 선포 《경향신문》은 1972년 10월 18일자 1면에 '전국에 비상계엄 선포'라는 제목 아래 박정희의 특별선언을 보도했다. 박정희 사진 왼쪽에 세로로 '평화통일(平和統一) 지향 위해 결단(決斷)'이라는 문구가 보인다. 박정희는 이렇게 남북대화를 집권 연장에 악용했다.

는 이 헌법 개정안은 대통령의 절대 권력을 보장함으로써 민주주의 제도의 기본 원리인 삼권분립의 정신을 크게 훼손했다. 뒤이어 국민투표 계도 요원들의 찬성 발언만이 가능한 상황에서 11월 21일 헌법 개정안에 대한 국민투표가 실시되었다.

이 국민투표를 앞두고 유신헌법 지지의 당위성이 언론과 공무원들을 통해 확산되었다. 이 헌법을 지지하는 것은 평화통일을 지지하는 것이고, 반대하는 것은 평화통일을 반대하는 것이라는 논

유신헌법 국민투표 홍보물 국민투표를 앞두고 박정희 정권은 노골적인 홍보전을 펼쳤다. 유신헌법에 찬성하면 번영과 통일이 오고, 반대하면 혼란과 분열과 파멸이 온다는 이분법을 들이대며 찬성을 강요하고 있다. (박건호 소장)

리로 유신헌법 지지를 촉구했다. 이제 '민주주의냐 독재냐'가 아니라 '통일이냐 반통일이냐'라는 프레임이 설정되었다. 이런 논리가 가능했던 배경으로 이미 7·4남북공동성명이 나오고 남북대화가 막 시작되어 통일의 희망이 싹트고 있던 상황이었음을 떠올려야 한다. 그러니 유신헌법을 찬성하면 국가 위기 상황 극복과 민족 번영을 지지하는 것이고, 반대하면 민족의 운명 따위에는 관심이 없는 반민족행위로 간주되었다. 이런 상황에서 감히 누가 유신헌법을 반대할 수 있었겠는가? 이 헌법을 지지하면 통일이 되고, 민족 번영이 이루어진다는데……. 정권 입장에서 보자면 '평화통일'이나 '민족 번영'이라는 레토릭은 꽤나 근사한 것이었다.

박정희의 페르소나, 이순신과 김유신

이 과정에서 박정희와 측근들은 우리 역사에서 한 영웅을 주목했다. 바로 김유신이었다. 참으로 탁월한 발굴이었다. 1960년대에 박정희가 주목한 인물은 이순신이었다. 이순신은 영웅을 넘어 성웅으로 신격화되었다. '민족을 위기에서 구한 이순신 장군 = 가난·전쟁·구악에서 나라를 구한 군인 출신의 박정희' 이런 등식을 염두에 둔 것이었다. 박정희는 매년 충무공 탄신일인 4월 28일 현충사를 참배했으며, 1966년부터 '현충사 성역화 사업'을 추진했다. 이순신 탄신 기념일 제정, 세종로에 이순신 동상 건립, 《난중일기》 국보 지정 등도 이런 분위기에서 이뤄진 일들이다.

그런데 유신헌법을 홍보하는 데는 이순신보다는 김유신이 더 효과적이었던 모양이다. '유신(庾信)'이라는 이름이 '유신(維新)'과 발음이 같은 데다, 민족의 평화통일을 표방하고 헌법을 바꾸는 마당에 김유신이 삼국통일을 이루었으니 얼마나 절묘한가. 당시 정부가 어린 학생들에게 유신 홍보용으로 퍼뜨린 가사에서도 이런 의도를 읽을 수 있다. 〈산토끼〉 노래에 가사만 바꾼 것으로, 아이들이 고무줄놀이를 하면서 쉽게 부를 수 있었다.

십일칠(10. 17) 유신은 / 김유신과 같아서

삼국통일 하듯이 / 남북통일 되고요

근대화에 목말라 / 바가지에 물 떠서

구국의 영웅 이순신 (왼쪽) 1968년 4월 이순신 성웅화 작업의 일환으로 서울 세종로에 이순신 동상이 건립되었다. (오른쪽) 어느 학교의 기념사진으로 현관 위에 '충무정신 바탕 삼아 민족중흥 앞장서자'라는 구호가 보인다. (출처: 셔터스톡 / 박건호 소장)

삼국통일의 기수 김유신 경주에 있는 김유신의 무덤과 동상이다. 이순신에 이어 김유신 도 박정희 정권을 이념적으로 옹호하기 위해 호출되었다. (출처: 경주문화관광)

목마른 자 물주는 / 바가지를 믿어요

가사에 나오는 '바가지'가 다소 생뚱맞지만 아마도 '박정희'와 발음이 비슷해서 쓴 단어가 아닐까 싶다. 이 노래는 '김유신은 삼국통일, 10월 유신은 남북통일, 유신은 근대화와 민족 번영을 위한 것, 유신은 근대화에 물을 긷는 바가지 같은 것, 바가지는 박정희, 박정희는 김유신' 이런 인식을 은연중에 심어주고 있다.

그런데 여기서 놓치지 말아야 할 점은 박정희가 유신헌법이 통일과 번영을 위해 필요하다고 점잖게 홍보만 하지 않았다는 사실이다. 그는 유신 선포 당시 맺음말 부분에서 국민에게 이 헌법이 부결되면 뒷일은 책임질 수 없을 거라는 식의 으름장을 놓았다. 평화통일을 지지하지 않으면 전쟁을 통한 통일이라도 모색하겠다는 뜻이었을까?

조국의 통일과 번영을 바라는 그 마음으로 우리 국민 모두가 한마음 한뜻이 되어 이 비상조치를 지지할 것으로 믿기 때문에 나는 앞에서 밝힌 제반 개혁이, 공약한 시일 내에 모두 순조로이 완결될 것으로 믿어 마지않습니다. 그러나 만일 국민 여러분이 헌법 개정안에 찬성치 않는다면 나는 이것으로 남북대화를 원치 않는다는 국민의 의사표시로 받아들이고 조국통일에 대한 새로운 방안을 모색할 것임을 아울러 밝혀두는 바입니다.

－박정희 대통령, 10월 17일 특별선언(유신선언)

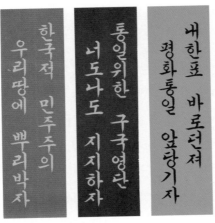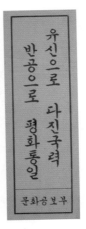

유신헌법 국민투표 홍보 표어 왼쪽의 표어 3종은 1972년 유신헌법에 대한 찬반을 묻는 국민투표 당시의 홍보 표어들이다. 유신헌법에 찬성해야 평화통일과 민족 번영, 그리고 한국적 민주주의가 토착화될 것임을 강조하고 있다. 맨 오른쪽 표어는 문화공보부에서 제작한 것이다. 박정희 대통령은 1960년대에는 반공을 위해 독재가 필요하다고 강조해왔다. 그런데 1972년 유신을 선포하면서 갑자기 평화통일을 위해 독재(물론 자신은 이를 '한국적 민주주의'라고 표현했지만)가 필요하다고 말을 바꿨다. '반공'과 '평화통일' 두 구호 모두 박정희에게는 자신의 체제를 만들고 유지하는 데 소중한 것이었다. 그리하여 매우 어색한 이런 조합의 구호도 만들어졌던 것이다. '반공'과 '평화통일'은 결코 화해할 수 없는 구호였으나 박정희는 자신의 독재체제를 유지하기 위한 수단으로 이를 과감히 활용했다. '반공으로 평화통일'이 가당하기나 한가? (박건호 소장)

이런 전방위 홍보와 '협박' 속에서 1972년 11월 21일 국민투표가 실시되었고, 유권자 91.9퍼센트의 높은 투표율과 91.5퍼센트의 압도적 찬성으로 유신헌법이 확정되었다. 그 후 유신헌법에 따라 만들어진 통일주체국민회의에서 12월 23일 단독 출마한 박정희 후보

를 99.9퍼센트의 찬성으로 제8대 대통령으로 선출했다. 이렇게 하여 박정희의 영구 집권을 보장하는 유신체제의 막이 올랐다. 결국 박정희 영구 집권을 위한 그들의 10월 쿠데타는 성공을 거두었다. 유신헌법을 지지하고 유신체제 형성에 기여했던 국민들은 이전에 겪어보지 못한 혹독한 독재를 감당해야 했다. 대가치고는 너무도 가혹한 것이었다.

그런데 강력한 독재체제 수립은 남쪽에서만이 아니었다. 싸우면서 서로 닮아간다고 북쪽의 김일성 역시 1972년 12월 주석직을 신설하고 주석에 막강한 권력을 집중시킨 '사회주의 헌법'을 제정함으로써 김일성 절대 권력체제를 구축했다. 역시 남북대화의 전개라는 상황 변화를 악용한 것이었다. 1972년 12월 한반도는 남북 모두 쌍둥이처럼 비슷한 절대 권력체제가 확립된 그런 시기였다. 더 놀라운 점은 박정희가 유신을 선포하기 직전, 북의 김일성에게 이러한 사실을 미리 통지했다는 것이다. 그들은 그런 식으로 '적대적 공생'을 했던 것이다.

깨어 있는 시민의 조직된 힘

이제 맨 앞의 사진, 매표소에서 한 남성이 표를 사는 사진으로 다시 돌아가보자. 앞에서 소개한 김유신의 의미를 이해했다면, 사진에 보이는 김유신 기록화 전시회가 왜 열렸는지, 또 '김유신 장군 얼 이어받아 남북통일 이룩하자'라는 구호가 무슨 의미를 담았는지 충분히 이해할 수 있을 것이다. 이런 맥락으로 추론해보건대 이 사진은 1970년대 유신체제가 만들어지는 과정에서, 혹은 유신체제가 만들어진 직후의 사진일 것이다. 한옥 건물인 것으로 보아 경주의 '통일전'이 아닐까 추정되는데, 이 사진만으로는 장소까지 알기는 쉽지 않다. 통일전은 삼국통일의 위업을 기리기 위해 태종무열왕, 김유신, 문무왕의 영정을 모신 곳으로, 남북통일의 의지와 염원을 밝히기 위해 유신 시기인 1977년 건립되었다. 사진 속의 한옥 건물이 통일전이라면, 사진 촬영 시기가 1977년 이후가 될 것이다. 그리고 매표소에 있는 김유신 장군 동상 역시 1977년 경주에 건립된 것이므로 종합해보건대 이 기록화 전시회는 1977년 통일전과 김유신 장군 동상 건립을 기념한 전시회였고, 장소는 경주였을 것이다.

박정희는 673년에 세상을 떠난 김유신을 1,300년 만에 살려내 유신헌법과 유신체제의 홍보 도우미로 적극 활용했다. 이 사진은 이러한 시대 상황을 대변해준다. 또한 유신체제가 만들어지는 과정에서 집권 세력이 역사적 인물이나 사건을 자신들의 정치적 목적에 맞게 끄집어내 교묘하게 변형해 활용했음을 알 수 있다.

그러니 시민들은 항상 깨어 있어야 한다. 시민들이 깨어 있지 않으면 권력자들은 쉽게 역사와 현실을 왜곡한다. 그리고 영악한 말로 속이려고 한다. 유신시대의 신민이 따로 있고, 2010년대 민주시민이 따로 있는 것이 아니다. 2020년대를 사는 우리들은 과연 유신시대의 국민보다 덜 무지하고 더 깨인 시민이라고 자신할 수 있을까? "민주주의 최후의 보루는 깨어 있는 시민의 조직된 힘입니다." 노무현 대통령이 남긴 말이다.

컬렉터, 역사를 수집하다

평범한 물건에 담긴 한국근현대사

1판 1쇄 발행일 2020년 7월 13일
1판 5쇄 발행일 2023년 11월 13일

지은이 박건호

발행인 김학원
발행처 (주)휴머니스트 출판그룹
출판등록 제313-2007-000007호(2007년 1월 5일)
주소 (03991) 서울시 마포구 동교로23길 76(연남동)
전화 02-335-4422 **팩스** 02-334-3427
저자·독자 서비스 humanist@humanistbooks.com
홈페이지 www.humanistbooks.com
유튜브 youtube.com/user/humanistma **포스트** post.naver.com/hmcv
페이스북 facebook.com/hmcv2001 **인스타그램** @humanist_insta

편집주간 황서현 **편집** 최인영 엄귀영 이영란 **디자인** 김태형 한예슬
조판 홍영사 **용지** 화인페이퍼 **인쇄** 삼조인쇄 **제본** 민성사

ⓒ 박건호, 2020

ISBN 979-11-6080-399-0 03910

이 도서는 한국출판문화산업진흥원의 '2020년 우수출판콘텐츠 제작 지원' 사업 선정작입니다.